Fabian Grabbe / Karin Haller /
Almut Küppers / Ursula Lassert

Training
Deutsch

100 Diktate

Sekundarstufe I

Ernst Klett Verlag
Stuttgart Düsseldorf Leipzig

Die Diktate wurden geschrieben von:
Ursula Lassert: 5./6. Schuljahr
Fabian Grabbe/Almut Küppers: 7./8. Schuljahr
Karin Haller: 9./10. Schuljahr

9 783129 270080

Bibliographische Information Der Deutschen Bibliothek
Die Deutsche Bibliothek verzeichnet diese Publikation in der Deutschen National-
bibliographie; detaillierte bibliographische Daten sind im Internet über
http://dnb.ddb.de abrufbar

Auflage   3. 2. 1. | 2005   2004   2003
Die letzten Zahlen bezeichnen jeweils die Auflage und das Jahr des Druckes.
Alle Rechte vorbehalten
Dieses Werk folgt der reformierten Rechtschreibung und Zeichensetzung.
Fotomechanische Wiedergabe nur mit Genehmigung des Verlages
© Ernst Klett Verlag GmbH, Stuttgart 2003
Internetadresse: http://www.klett-lerntraining.de
E-Mail: klett-kundenservice@klett-mail.de
Zeichnungen Sven Palmowski, Stuttgart: S. 14, 24, 32, 46, 57, 67, 79, 89, 93, 101
Zeichnungen Andreas Florian, Lübeck: S. 29, 30, 42, 49, 58, 61, 62, 64, 75, 85
Umschlaggestaltung: Klett Marketing Design, Stuttgart
Innenlayout: beluga design, Stuttgart
Satz: Klaus Bauer, Bondorf
Druck und Binden: Konradin Druck GmbH, Leinfelden-Echterdingen.
Printed in Germany.
ISBN 3-12-927008-6

Inhalt

3 Der s-Laut

4 Dehnung und Schärfung

5 Wortbildung

6 Fremdwörter

7 Zeichensetzung

8 Schreibung mit Bindestrich

Einführung

Dieses Trainingsbuch will dir helfen, deine Rechtschreibkenntnisse zu verbessern. Sicher hast du noch einige Schwierigkeiten und Unsicherheiten, aber keine Angst, dies muss nicht so bleiben. Mit etwas Geduld, Ausdauer und Fleiß wirst auch du die Hürden der Rechtschreibung überwinden.

Aufbau

Mit den Diktaten kannst du alle Bereiche der Rechtschreibung üben.

Unter dem Diktat findest du jeweils Hinweise, wie viele Wörter das Diktat enthält und welche Bereiche hauptsächlich geübt werden.

Innerhalb eines Kapitels sind zunächst die Diktate für die Schuljahre 5/6 und anschließend die Diktate für die Schuljahre 7/8 und 9/10.

Hauptschwierigkeiten

Die schwierigen besonders zu übenden Wörter sind in den Diktaten farbig hervorgehoben.

Hinweis

Alle Texte sind in der neuen Rechtschreibung geschrieben.

Kommas wurden alle gesetzt. Es sei aber darauf verwiesen, dass bei Satzverbindungen das Komma vor „und" bzw. „oder" entfallen kann; ebenso bei Infinitiv- und Partizipialkonstruktionen. Diese Kommas stehen im Kapitel „Zeichensetzung" in Klammern.

Diktieren

Am besten ist es, wenn du dir die Diktate diktieren lässt. Zunächst sollte dir der Text ganz vorgelesen werden. Danach wird Satz für Satz langsam diktiert. Am Schluss sollte noch einmal der ganze Text vorgelesen werden, damit du die Möglichkeit zu einer abschließenden Kontrolle hast.

Selbstdiktat

Wenn du niemanden zum Vorlesen hast, kannst du dir das Diktat auf einen Kassettenrekorder aufnehmen. Lies zunächst laut und deutlich und nicht zu schnell den ganzen Text. Anschließend solltest du langsam Satz für Satz diktieren. Bei längeren

Sätzen kannst du nach Sinneinheiten kleine Pausen machen. Achte auf die Kommas. Sie helfen dir sinnvolle Sinneinheiten zu bilden. Lies zum Schluss noch einmal das ganze Diktat.

Du wirst merken, dass das Selbstdiktat keine Notlösung sein muss. Beim konzentrierten, lauten Lesen und Diktieren prägst du dir schon die richtige Schreibweise ein.

Partnerdiktat

Wenn dir das Selbstdiktat zu schwierig oder umständlich ist, versuche doch mit einem Freund oder einer Freundin zu üben. Ihr könnt euch die Diktate abwechselnd diktieren.

Fehlerkorrektur

Nach dem Schreiben solltest du sofort nachsehen, ob du Fehler gemacht hast. Meist wirst du ja schon beim Schreiben gemerkt haben, wo du unsicher warst. Wenn du sofort nach dem Diktat nachschaust, wie diese Wörter richtig geschrieben werden, kannst du sie dir viel besser einprägen.

Der Wolf – Feind oder Freund?

Eines Tages bemerkten die Menschen hier in Europa voll Freude und Stolz, dass es ihnen gelungen war, den Wolf fast völlig auszurotten. Mit Gift, Fallen und Gewehren hatten sie gegen ihn gekämpft. Ganze Wälder hatten sie seinetwegen abgebrannt.

Jahrhundertelang sprachen die Menschen nur voll Angst und Schrecken vom „bösen Wolf". Sie waren fest entschlossen, ihn mit allen Mitteln auszurotten. Denn schon bei dem bloßen Gedanken an dieses Tier wurde ihnen angst und bange. Sie gaben ihm die Schuld an jedem verschwundenen oder getöteten Tier aus ihren Herden.

Erst heute wissen wir, wie wichtig auch der Wolf in der Natur ist. Seine Bedeutung wird nicht mehr infrage gestellt, denn seit es den Wolf nicht mehr gibt, kommt es immer wieder zu Fuchsplagen. Füchse haben heute keinen natürlichen Feind mehr.

Wörteranzahl: 107

Großgeschrieben wird der Satzanfang.

Eigennamen werden großgeschrieben: **Europa**

Substantive werden großgeschrieben: **Freude, Stolz, Wolf, Menschen**

Großgeschrieben werden auch zusammengesetzte Substantive: **Fuchsplagen**

Wörter wie Angst, Bange, Gram, Leid, Pleite, Schuld werden nur noch in Verbindung mit sein, bleiben, werden kleingeschrieben, da sie dann als Adjektive gebraucht werden: **Er ist schuld. Mir wird angst und bange.**

Für einige Wörter gibt es zwei Schreibweisen: zusammen- und kleingeschrieben oder getrennt und großgeschrieben:
infrage stellen = in Frage stellen

5/6   ### Der Kampf um den Pfeffer

Heute kannst du in jedem Lebensmittelgeschäft weißen, grünen und schwarzen Pfeffer kaufen. Er war nicht immer so einfach zu bekommen.

Jahrhundertelang wurden erbitterte Kämpfe um den indischen Pfeffer geführt. Im Mittelalter konnten sich nur die Reichen dieses Gewürz leisten, denn die Preise dafür waren „gepfeffert". Die arabischen und die venezianischen Kaufleute wurden reich daran.

Das ärgerte nicht nur die Lübecker und Frankfurter Kaufleute sehr, sondern die Händler aus ganz Europa. So wurde immer wieder heftig um das Verkaufsrecht gekämpft. Das hatte erst ein Ende, als fast alle europäischen Länder Kolonien in Übersee hatten, wo sie den Pfeffer dann selbst anbauen konnten. Übrigens, alle Pfeffersorten kommen vom gleichen Pfefferstrauch.

Wörteranzahl: 108

Adjektive werden kleingeschrieben: **weiß**

Ableitungen von geographischen Eigennamen auf -er werden großgeschrieben: **Lübecker Kaufleute**

Substantivierte Adjektive werden großgeschrieben. Dann steht meistens ein Artikel davor: **die Reichen**

München, den 1.8.1997

Liebe Laura!

Die Ferien auf eurem Bauernhof waren herrlich. Es war wirklich toll, dass du mir so viel gezeigt hast. Am schönsten war, auf deinem Pony zu reiten und mit deinen Kätzchen zu spielen. Denk nur, gestern Morgen habe ich mir einen Hamster gekauft. Wenn du nun zu mir kommst, habe ich also auch ein Tier.

Bei dieser Gelegenheit möchte ich mich, liebe Frau Riedel, auch noch einmal bei Ihnen und Ihrem Mann bedanken. Fein, dass Sie mir so viel Interessantes gezeigt und erklärt haben. Jetzt weiß ich sehr viel mehr über Ihr Leben auf einem so großen Bauernhof. Auch werde ich noch oft an die vielen schönen Ausflüge denken, die Sie mit uns gemacht haben.

Viele liebe Grüße an alle Bewohner des Kastanienhofes

deine/Ihre Mara Schulz

Wörteranzahl: 116

Pronomen werden kleingeschrieben: **ich, sie, mir, sein**

Anredepronomen an vertraute Personen werden kleingeschrieben:
dir, dich, dein, euch, euer

Das Anredepronomen „Sie" und die zugehörigen flektierten Formen und Possessivpronomen werden großgeschrieben: **Sie, Ihnen, Ihr**

Tageszeiten nach gestern, vorgestern, heute, morgen, übermorgen werden großgeschrieben: **gestern Morgen**

5 / 6   **Zoo – ja oder nein?**

An jedem Wochenende besuchen in Deutschland Tausende die Tiergärten. Immer wieder erfreuen sich Groß und Klein, Alt und Jung an den Tieren. Dennoch sind Zoos umstritten.

Die einen sind dafür, die anderen sind dagegen. So meinen manche, es könnte den Tieren nichts Besseres passieren, als im Zoo zu leben. Dagegen glauben andere, dass die Tierhaltung im Zoo im Großen und Ganzen nur Tierquälerei sei.

Die Befürworter glauben, dass es für Tiere sogar das Beste sei, in einem Zoo zu leben. Dort werde schließlich alles Mögliche getan, um ihnen genug Raum zu geben und eine natürliche Lebensweise zu ermöglichen.

Sie meinen, dass dafür die gute Gesundheit und die recht zahlreiche Nachkommenschaft der meisten Tiere spreche.

Wörteranzahl: 103

Substantivierte Adjektive werden großgeschrieben. Sie stehen dann meistens nach Artikeln, Pronomen oder unbestimmten Zahlwörtern: **das Beste, nichts Besseres, alles Mögliche**

Adjektive in festen Wortverbindungen werden großgeschrieben: **im Großen und Ganzen**

Großgeschrieben werden auch Paarformen mit nicht deklinierten Adjektiven zur Bezeichnung von Personen: **Alt und Jung**

Unbestimmte Zahladjektive und Ordnungszahlen werden großgeschrieben (**die Erste, das Ganze, die Einzige, der Dritte** ...), aber die folgenden Zahladjektive mit all ihren Flexionsformen werden kleingeschrieben: **viel, wenig; der, die, das eine; der, die, das andere; manche**

Wenn tausend eine unbestimmte Menge angibt, kann die Zahl groß- oder kleingeschrieben werden: **tausende/Tausende**

Auf den Hund gekommen

Wer sich heute einen Hund anschaffen will, hat eine große Auswahl. So kann er z. B. zwischen verschiedenen Arten von Jagd- und Spürhunden oder Wach- und Schmusehunden wählen. Er sollte sich sehr gut überlegen, welcher Hund am besten zu ihm passt und wozu er ihn braucht.

Soll das Tier zum Schmusen oder zum Spielen sein? Soll er beim Jagen oder Wachen helfen? Schäferhunde eignen sich besonders gut zum Hüten von Schafen, Bulldoggen mehr zum Wachen und Kämpfen. Windhunde lieben das Wettrennen, und Bernhardiner helfen beim Aufspüren von Verletzten.

Da Hunde sehr anpassungsfähig sind, haben sie sich im Laufe der Jahrtausende zum Begleiter und Helfer des Menschen entwickelt. Inzwischen sind über 400 Hunderassen gezüchtet worden, deren gemeinsamer Vorfahre der Wolf ist.

Wörteranzahl: 109

Verben werden großgeschrieben, wenn sie als Substantiv ge-braucht werden. Dann stehen sie meistens nach einem Artikel:
das Wettrennen, Adjektiv: **lautes Lachen**, Pronomen: **mein Kichern** oder Präpositionen: **zum Schmusen, zum Wachen, beim Jagen**

Superlative mit „am" werden kleingeschrieben, wenn man mit „Wie?" danach fragen kann: **am besten**

Substantivierte Partizipien werden großgeschrieben: **von Verletzten**

7/8 ### Eiffelturm gegen Riesenrad

Nick Neumensch beobachtet das Treiben im Park. Drei Hunde rennen um die Wette, eine Familie lässt sich gerade zum Picknick nieder und überall sieht man Verliebte, die sich Treue schwören. „Es muss Frühling sein", denkt sich Nick und lässt zufrieden seine Blicke wandern. Doch plötzlich schreckt er auf. Er kann den Eiffelturm nicht finden, der vor zwei Wochen noch hier stand. Verstört setzt sich auf eine Parkbank und schaut ins Leere. Professor Müller kennt des Rätsels Lösung: „Der Bürgermeister von Paris hat den Eiffelturm gegen das Riesenrad aus Wien getauscht", erklärt der Professor. „Außerdem haben die Österreicher den Parisern fünf Millionen Pralinen für den Turm gegeben", weiß Müller. Die Trauer um den Eiffelturm ist trotzdem so groß, dass Nick eine Träne zerdrücken muss.

Wörteranzahl: 124

Großgeschrieben werden
– Satzanfänge: **Drei Hunde …**
– Substantive: **Treiben, Park**
– Eigennamen: **Nick Neumensch**

Eine Tüte Ungeheuerliches

Walter ist etwas Ungeheuerliches passiert. In der Nacht vor seinem ersten Schultag hatte er etwas Komisches geträumt. Alle Lehrer spielten in Schlafanzügen Fußball. Leider war der erste Tag an der Schule dann gar nichts Besonderes. Das viele Zuhören hatte ihn schnell ermüdet und das Geradesitzen war ganz schön anstrengend. Weil die Fragen des Lehrers so leicht waren, hatte er vom Melden einen steifen Arm bekommen. Als er nach dem Unterricht zu Hause endlich die Schultüte aufmachen durfte, blieb ihm das Lachen im Halse stecken. Die Tüte war bis zum Rand voll mit Müll. Alte Verpackungen, Dosen und Papier, nur etwas Süßes war in dem Abfallberg nicht zu finden. „So etwas Blödes kann sich nur mein Bruder ausgedacht haben", dachte sich Walter und schwor Rache.

Wörteranzahl: 124

Nach unbestimmten Mengenangaben schreibt man substantivierte Adjektive groß: **etwas Ungeheuerliches, etwas Komisches**

Substantivierte Verben werden großgeschrieben. Meist steht vor dem Verb ein Artikel: **das Lachen, vom** (= von dem) **Melden**

7/8   **Kamel Karla kaut Kaugummi**

Das Kamel Karla wohnt am Toten Meer und kaut gern Kaugummi. Als Technische Leiterin der Internationalen Vereinigung für Reitkamele schreibt sie dem Ersten Vorsitzenden der Kölner Kaugummifirma „Guter Geschmack" einen Brief.

Sehr geehrter Herr Speichel,
bitte tun Sie mir einen Gefallen. Hören Sie auf, Ihre Kaugummiautomaten im Nahen Osten mit Bananenkaugummis zu füllen. Erstens verlieren sie viel zu schnell ihren Geschmack. Zweitens sind Ihre Kaugummikugeln zu groß und bleiben bei Vollmond immer im Kaugummiautomaten stecken. Und drittens kauen wir Reitkamele viel lieber Erdbeerkaugummis und Pfefferminzkaugummis. Falls Sie unserer Bitte nicht nachkommen können, werden wir uns nach einem anderen Kaugummilieferanten umsehen. Eine Firma aus der Lüneburger Heide hat uns ein sehr verlockendes Angebot unterbreitet. In der Hoffnung bald von Ihnen zu hören,

Ihre Karla

Wörteranzahl: 123

Die höfliche Anredeform „Sie" und ihre Flexionen werden großgeschrieben.

Geographische Eigennamen werden großgeschrieben:
Totes Meer, Lüneburger Heide

Titel, Amts- und Funktionsbezeichnungen werden großgeschrieben:
Technische Leiterin, Erste Vorsitzende
Aber: Als reine Berufsbezeichnung klein: **Sie ist technische Zeichnerin.**

Namen von Organisationen, Firmen, Verbänden usw. werden großgeschrieben:
Internationale Vereinigung für Reitkamele

Lena räumt auf

Gestern Nacht hatte Lena einen wilden Traum. Sie hatte wie jeden Abend vor dem Schlafengehen ihren Kakao getrunken und anschließend einen Kopfstand gemacht. Nach dem Lichtausmachen wuchs sie auf einmal in den Himmel. Zuerst hatte sie ziemliche Angst, weil sie beim Wachsen ein Loch ins Dach bohrte und dabei einige Dachziegel auf die Straße fielen. Doch dann fand sie das Ganze sehr lustig. Sie pflückte die ganze Nacht Sterne vom Himmel und legte sie auf die Erde. Als sie morgens fertig war, hatte sie plötzlich eine Idee. „An die leeren Haken am Himmel könnte ich Autos hängen", dachte Lena. „Wenn ich schnell mache, bin ich übermorgen Mittag fertig." Sie arbeitete von morgens bis abends und hatte schon nach einem Tag ganz Europa von den vielen Autos befreit.

Wörteranzahl: 126

Tageszeiten werden großgeschrieben, wenn sie in Verbindung mit heute, (vor)gestern, (über)morgen stehen (Ausnahme: gestern früh): **gestern Nacht**

Viele Adverbien, die Tageszeiten angeben, werden durch ein angehängtes „-s" von einem Substantiv abgeleitet und kleingeschrieben: **abends, morgens**

Substantivierte Verben schreibt man groß. Diese stehen nach einem Artikel oder einer Präposition: **beim Wachsen**

Auch Adjektive können die Form eines Substantivs annehmen: **das Ganze**

7 / 8   **Olympiade der Tiere**

Sie kamen von nah und fern. Die Olympiade der Tiere bot ein Programm für Jung und Alt: Die zweihundert Jahre alte Schildkröte wollte sich im Wettlauf mit der Antilope messen. Sie wurde aber noch hinter dem Hirschkäfer und der Weinbergschnecke Zehnte, weil sie einen Krampf im Bein hatte. Beim Judo siegte der Fischotter, der Gorilla wurde nur Dritter. Warum niemand beim Kunstturnen starten wollte, blieb ein Rätsel. Selbst das Nilpferd hatte morgens um acht noch überraschend abgesagt. Dafür gingen über achtzig beim Hürdenlauf an den Start. Allerdings wurden dreißig nach der Dopingkontrolle gesperrt. Ein großes Spektakel gab es beim Volleyballturnier. Nachmittags um Viertel vor vier spielten die Wüstenhunde gegen die Zebras um den ersten Platz. Und um halb drei nachts stand endlich der Sieger im Hochsprung fest: die Heuschrecke.

Wörteranzahl: 129

Zahlen unter einer Million werden kleingeschrieben: **zweihundert, achtzig, dreißig**

Großgeschrieben werden Paarformeln mit nicht deklinierten Adjektiven, wenn Personen bezeichnet werden: **Jung und Alt,** aber **nah und fern**

Ordnungszahlen werden großgeschrieben: **Zehnte, der Dritte**

Uhrzeiten werden kleingeschrieben: **morgens um acht, halb drei**
Aber: Großschreibung in der Angabe: **(ein/um) Viertel vor vier**

Lernen tut weh!

Opa Karl behauptet, dass Lernen nicht schmerzhaft ist. Ich behaupte das Gegenteil, denn aus Erfahrung weiß ich, dass Lernen großes Leiden verursacht. Außerdem vermute ich, dass Opa Karl zur Beurteilung einer so schrecklichen Sache der nötige Ernst fehlt. Es gibt nichts Unangenehmeres, als Vokabeln auswendig zu lernen. Auch beim Lesen kann es doch jeder deutlich spüren. Wenn ich morgens in Schulbüchern lesen muss, könnte ich brüllen vor Schmerzen. Das Schlimmste ist das Vorlesen von Physiktexten. Es kann mir keiner sagen, dass das keine Qual ist. Deswegen halte ich mich an Professor Einstein, der gesagt haben soll, dass man das Lernen den Pferden überlassen solle. Im Großen und Ganzen stimmt das ja wohl.

Wörteranzahl: 112

Werden Verben als Substantiv verwendet, schreibt man sie groß. Substantivierte Verben stehen nach einem Artikel: **das Vorlesen**, einem Adjektiv: **großes Leiden** oder einer Präposition: **beim Lesen**

Auch Adjektive, die als Substantiv verwendet werden, schreibt man groß. Sie stehen nach Artikeln: **das Schlimmste**, nach unbestimmten Mengenangaben: **nichts Unangenehmeres** oder in einer Paarformel: **im Großen und Ganzen**

9/10 **Der Traum vom Fliegen**

Im Großen und Ganzen verfolgt dieser Traum schon die ganze Menschheit. In den Sagen der alten Griechen erfüllte sich dieses Wunschdenken durch Ankleben von Vogelfedern mit Wachs an die Gliedmaßen. Vor lauter Euphorie über dieses neue Erleben vergaß Ikarus aber die Warnungen seines Vaters, die Federn nicht nass werden zu lassen und der Sonne nicht zu nahe zu kommen, sodass das Wachs schmelzen konnte. Sein Absturz war zu Recht die Folge. Sinnbildlich steht das für die tragischen Rückschläge, die die Menschen einstecken mussten auf ihrem weiten Weg zum Fliegenkönnen.
Zur Zeit der Französischen Revolution fanden die spektakulären Flüge der Brüder Montgolfier mit dem Heißluftballon statt.
Die Brüder Wright begannen um 1900 mit Modellflugversuchen und ersten Gleitflügen. 1903 begannen sie bereits mit einem motorisierten Flugzeug zu fliegen – erst nur knappe 300 m weit, die sie dann allmählich bis auf Streckenlängen von 45 km ausdehnten. Sie gelten als die eigentlichen Pioniere des Motorflugs.
Und Charles Lindbergh überquerte als Erster den Großen Teich von New York bis Paris in 33 1/2 Stunden.
Eigentlich können wir uns heute kaum mehr vorstellen, dass es das Flugzeug noch nicht einmal 100 Jahre lang gibt. Dabei ist es in unserer zivilisierten Welt fast schon etwas Alltägliches, ganz gewiss aber etwas Selbstverständliches geworden.

Wörteranzahl: 209

Großschreibung:
– substantivierte Verben: **durch Ankleben**
– Eigennamen, geschichtlichen Ereignisse: **Französische Revolution**
– Ordinalzahlen: **als Erster**
– Wörter nach unbestimmten Zahlwörtern: **etwas Alltägliches**
– feste Redewendungen, oft als Paarformel: **im Großen und Ganzen**
– Substantive in festen Gefügen: **zu Recht**

Nachtschwärmer

Bisher dachte Julia, dass sie über Fledermäuse bestens Bescheid weiß. Aber als sie gestern Abend im Biologiebuch zufällig auf die betreffenden Textstellen stieß, wollte sie Näheres wissen.

Diese possierlichen Wesen werden in der Abenddämmerung aktiv. Sie verlassen sich im Übrigen nicht auf ihre Augen, sondern ertasten ihre Umgebung mithilfe des Ultraschalls. Dabei stoßen sie selbst Ultraschallwellen aus, die dann an einem möglichen Hindernis abprallen und beim Zurückkehren zum Fledermausohr ausgewertet werden. Dies geschieht alles in hundertstel Sekunden.

Wenn wir am Abendhimmel ein Heer von Fledermäusen entdecken, sind es wohl gleich an die hundert. Dabei gibt es unzählige von Fledermausarten. Allen gemeinsam ist, dass sie ihre Jungen lebend gebären, zu den Säugetieren gehören und einen Winterschlaf halten. In dieser Zeit können sie ihre Körperfunktionen bis auf weiteres so herabsetzen, dass sie ohne Nahrungsaufnahme den Winter überleben. Aus diesem Grund hat Julia Recht, wenn sie ihre Freunde warnt, keine Fledermäuse im Winterquartier aufzustöbern. Erschrecken sie und werden wach, kann der Energieverlust zu ihrem Tod führen. Sie weiß nun: Sämtliche Fledermäuse bei uns stehen auf der Roten Liste, d. h. sie sind vom Aussterben bedroht.

Wörteranzahl: 183

Großschreibung:
– Tageszeiten nach heute, gestern, morgen: **gestern Abend**
– substantivierte Verben/Adverbien: **vom Aussterben, Bescheid wissen**
– Substantive in festen Begriffen: **in Bezug**
– Eigennamen und Titel: **Rote Liste**

Kleinschreibung:
– Kardinalzahlen unter einer Million: **an die hundert**
– feste Begriffe nach einer Präposition: **bis auf weiteres**
– präpositionale Verwendung: **mithilfe** (auch **mit Hilfe** ist möglich)

9 / 10   ## Miteinander – nebeneinander?

Für alles gibt es ein Für und Wider. Sollen nun Jungen und Mädchen gemeinsam die Schulbank drücken, oder soll jede Geschlechtergruppe ihre eigene Chance bekommen? Nachgewiesen ist, dass in gemischten Klassen die Mädchen des Öfteren unbewusst benachteiligt werden. Die Jungs sind bei weitem aggressiver in ihrem Verhalten, fordern einfach und kommen bei den Lehrkräften leichter zum Zug. Sie werden eher drangenommen, wenn sie sich gemeldet haben. Ihnen werden Misserfolge eher nachgesehen. Dagegen blühten Mädchen im Allgemeinen auf, wenn sie in den Fächern, die als besonders jungentypisch gelten, losgelöst von den Schulkameraden Unterricht bekamen. Man darf zudem nicht außer Acht lassen, dass sie im Ganzen gesehen meist kooperativer und fleißiger sind – vor allem auch die besseren Noten haben.

Das Wagnis, Jungen und Mädchen auch in der Schule gemeinsam zu erziehen, sollte dennoch eingegangen werden, auch wenn der Weg steiniger und steiler zu sein scheint. Schließlich ist die Schule unter anderem ein Versuchsfeld für alles Weitere, wo dann dieses Miteinander auch funktionieren sollte. Ob in Bezug auf Beruf oder Privatleben: Es hat doch nur Vorzüge, wenn man schon früh gelernt hat, miteinander zu reden, die vorhandenen geschlechtsspezifischen Unterschiede achten zu lernen und zu erkennen, dass es nur eine Bereicherung sein kann, wenn Jungs sich auch in die Denkweise der Mädchen versetzen können und umgekehrt.

Wörteranzahl: 214

Großschreibung bei
– Redewendungen als Paarformel: **ein Für und Wider**
  aber: feste Begriffe nach einer Präposition klein! **(bei weitem)**
– substantivierten Adverbien: **dieses Miteinander**
– Wörtern nach unbestimmten Zahladjektiven: **alles Weitere**

Gemäßigt

Hast du dir schon mal überlegt, dass wir eigentlich im abwechslungsreichsten Klimagürtel leben? Wenn woanders oft nur zwei unterschiedliche Jahreszeiten stattfinden, haben wir vier. In den heißen Zonen gibt es entweder Trocken- oder Regenzeit, in den kalten Regionen wechseln sich Frost und ein kurzer Sommer ab. Dank des vorbeifließenden Golfstroms ist es bei uns zudem milder, als es allein gesehen vom Breitengrad her wäre. Unsere Jahreszeiten gestalten sich im Einzelnen so:

Der Frühling verkörpert das Wiedererwachen der Natur nach ihrem Winterschlaf. Unvergleichbar ist das zarte Maigrün der ersten frisch entfalteten Blättchen. Unter den ersten wärmenden Sonnenstrahlen atmen wir erleichtert auf, der triste Winter ist vorbei.

Im Sommer können wir dank der angenehmen Temperaturen unsere Aktivitäten ins Freie verlagern. Dem einen gefällt es im Freibad, der andere holt endlich wieder die Inliner hervor, und alle Sportarten im Freien haben Saison.

Im Herbst langt dann die Natur noch mal kräftig zu, sowohl in der Farbenpracht von Blättern und Früchten als auch an einem Überangebot an allem Essbaren, bevor eine rauere Zeit anbricht.

Schließlich beschert uns der Winter mehr Ruhe. Die Natur macht es uns vor: mehr Stille, mehr Zurückgezogensein, mehr Besinnlichkeit. Und dann beginnt es von vorne. Jedes Mal können wir uns von neuem auf diesen Kreislauf freuen.

Wörteranzahl: 207

Großschreibung:
– substantivierte Verben und Adjektive: **das Wiedererwachen**

Kleinschreibung:
– Präpositionen: **dank**
– unbestimmte Zahladjektive: **der andere**, aber: **im Einzelnen** groß!
– feste Begriffe nach einer Präposition: **von vorne**

5/6 **Sport mit Spaß**

In Gemeinschaft macht Sport mehr Spaß, heißt es. Das stimmt! Und Spaß haben ist genauso wichtig wie Sport treiben.

Durch die Bewegung wird der Kreislauf angeregt und die Durchblutung verbessert. Es gelangt mehr Sauerstoff in den ganzen Körper. Versuche, so oft wie möglich Sport zu treiben.

Im Sommer kannst du z. B. Rad fahren, Rollschuh laufen oder Tennis spielen. Das Eislaufen und besonders das Skilaufen macht vielen Leuten im Winter große Freude. Manche Menschen beginnen ihren Tag, indem sie ein paar Minuten Kopf stehen oder schwimmen gehen.

Am wichtigsten ist, dass du die Sportart ausübst, die dir wirklich Spaß macht und die dich gesund hält.

Wörteranzahl: 105

Substantive und Verben, die eng zusammengehören, werden getrennt geschrieben: **Rad fahren**, aber bei Substantivierung: **das Radfahren**

Enge Verbindungen von Verb und Verb werden getrennt geschrieben: **schwimmen gehen**

Staudämme

Es gibt nicht in allen Ländern so viel Wasser wie bei uns. Aber sogar hier in Deutschland gibt es Zeiten, in denen die Menschen mit dem Wasser haushalten müssen. Das ist der Fall, wenn der Sommer besonders heiß und trocken ist. Für solche „Trockenzeiten" wird in großen Seen das Wasser von Bächen und Flüssen gesammelt.

Staudämme werden gebaut, hinter denen sich diese Seen bilden können, die Stauseen. Der Staudamm muss dick und leicht gewölbt sein, damit er dem Druck der Wassermassen standhalten kann.

Wenn zu viel Wasser im See ist, läuft es durch Überlaufrinnen ab. Es müssen ständige Kontrollen des Staudammes stattfinden, damit es nicht zu einem Bruch der Mauer kommt.

Wörteranzahl: 99

Zusammensetzungen aus Substantiv + Verb mit den folgenden ersten Bestandteilen werden zusammengeschrieben: haus-, heim-, irre-, preis-, stand-, statt-, teil-, wett-, wunder-.
standhalten, stattfinden, haushalten
Alle Verbindungen mit so, wie, zu + viel werden getrennt geschrieben:
so viel, aber: **soviel** als Konjunktion

5/6   **Aufregung bei den Schimpansen**

Gerade wollte ein kleiner Schimpanse eine Banane essen, als ein größerer Affe herbeieilte und sie ihm blitzschnell fortnahm. Dann jagte er mit seiner Beute einen Baumstamm hinauf. Der Bestohlene schwang sich mit einem Seil zum nächsten Klettergestell, rannte die Leiter hoch und hätte beinahe seine Banane erwischt. Aber es war nichts mehr übrig geblieben.

Da er es nicht rechtzeitig geschafft hatte, sprang der kleine Kerl wütend auf und ab, wobei er mit einem anderen Affen zusammenprallte, der erschreckt loskreischte und ihn gründlich verprügelte. Nun hörte man sie alle fürchterlich schreien. Du kannst dir nicht vorstellen, wie viel Zeit es dauerte, bis alle Tiere wieder ruhig waren.

Wörteranzahl: 106

> Verbindungen aus Verb + den unveränderlichen Wörtern wie zusammen, hinunter, herauf, fort, los werden zusammengeschrieben:
> **fortnehmen, loskreischen, zusammenprallen**
>
> Ableitungen auf -ig, -isch, -lich werden immer getrennt vom Verb geschrieben: **übrig bleiben, gründlich verprügeln, fürchterlich schreien**
>
> Verbindungen mit dem Verb „sein" werden immer getrennt geschrieben: **ruhig sein**
>
> Alle Verbindungen mit so, wie, zu + viel werden getrennt geschrieben: **wie viel, so viel,** aber: **soviel** als Konjunktion

Vorschriften auf See

Die Kapitäne der verschiedensten Wasserfahrzeuge müssen sich an bestimmte Vorschriften halten. So dürfen sie zum Beispiel nicht einfach irgendwie aneinander vorbeifahren, sondern nur auf der rechten Seite. Das ist eine international geltende Verkehrsregel auf See.

Sie müssen außerdem die Bedeutung der Leuchttürme und der Markierungen kennen lernen. Sie wissen, dass Feuerschiffe und Bojen nicht irgendwo liegen, sondern nur da, wo keine Leuchttürme stehen können, wie zum Beispiel auf einer Sandbank. Sie müssen Seekarten lesen lernen und die Seezeichen und Funksignale auswendig wissen, damit sie sich miteinander verständigen können.

Wörteranzahl: 88

Enge Verbindungen von Verb + Verb werden getrennt geschrieben:
kennen lernen, lesen lernen

Verbindungen mit -einander + Verb werden immer getrennt geschrieben:
aneinander vorbeifahren, sich miteinander verständigen

Zusammengesetztes Adverb + Verb werden getrennt geschrieben:
auswendig wissen

Verbindungen mit irgend- werden zusammengeschrieben:
irgendwie, irgendwo

5/6   ### Sind Ferien wichtig?

Es ist herrlich, Ferien zu haben. Endlich kann man es sich gut gehen lassen. Man darf tun, was man möchte. Aber wäre es nicht viel besser, die Ferien zu streichen und dafür die Schulzeit zu kürzen, damit man diese lästige Zeit bald hinter sich hat?

Nein, das wäre nicht besser. Körper und Seele brauchen in regelmäßigen Abständen eine Zeit des Nichtstuns, eine Zeit ohne Pflichten. Es ist wichtig, dass man ab und zu alle Arbeit liegen lassen darf, dass man spazieren oder schwimmen gehen, herumtrödeln oder Rad fahren kann. Es ist wirklich erholsam, von Zeit zu Zeit nur das zu tun, wozu man Lust hat – Musik hören, neue Leute kennen lernen oder einfach sitzen bleiben und nichts tun.

Nur so können Körper und Seele gesund bleiben.

Wörteranzahl: 116

Verbindungen von Verb + Verb werden getrennt geschrieben:
liegen lassen, spazieren gehen

Verbindungen von Substantiv + Verb werden getrennt geschrieben:
Rad fahren

Das Gleichgewicht auf dem Fahrrad

Vielleicht erinnerst du dich an deine ersten Versuche, Rad zu fahren. Wer Angst hat, will sich an der Lenkstange fest halten und versucht möglichst langsam zu fahren. Dann aber wackelt das Fahrrad und man kippt um. Wer schnell fährt, kann das Gleichgewicht gut halten und sich gefahrlos zur Seite neigen. Das kommt daher, dass die schnelle Bewegung dem Fahrrad den nötigen Schwung verleiht. Je schneller man fährt, desto größer ist die Schwungkraft. Es ist klar, dass die ersten Fahrversuche schwer fallen, denn die Muskeln und die Gleichgewichtsorgane im Ohr müssen das Zusammenarbeiten erst gut lernen. Aller Anfang ist eben wirklich schwer.

Wörteranzahl: 92

Verbindungen von Adjektiv + Verb werden getrennt geschrieben, wenn das Adjektiv steigerbar oder erweiterbar ist:
fest halten, langsam fahren, gut halten

5/6   **Freizeitangebote in Kleinstädten**

Die großen Städte locken mit ihren zahlreichen Arbeitsmöglichkeiten viele Menschen an und wachsen daher immer weiter. Die kleinen Städte versuchen dagegen, ihre Einwohner zu halten, indem sie hübsche Wohngebiete und viele Möglichkeiten für die Freizeitgestaltung anbieten.

Dieses Angebot wird von vielen Menschen gerne angenommen, denn sie möchten in ihrer näheren Umgebung Rad fahren, ohne erst mit dem Auto fahren zu müssen. In den meisten kleinen Orten können die Bewohner Sport treiben wie Volley- oder Fußball spielen. Sie können im Sommer auf asphaltierten Feldwegen Rollschuh laufen und im Winter in Sporthallen Eis laufen. Dafür nehmen sie lange Fahrten zum Arbeitsplatz in Kauf.

Wörteranzahl: 101

Verbindungen von Substantiv und Verb werden getrennt geschrieben:
Rad fahren, Eis laufen

Buslinien-Bernd kombiniert

Er sah dem Mann tief in die blaugrünen Augen. „Wahrscheinlich ein Bankräuber", dachte sich Bernd, während er an seinem hellbraunen Pullover zupfte. Der Mann hatte einen gemeingefährlichen Blick und trug einen hässlichen blauschwarzen Regenmantel. Außerdem klammerte er sich an seinen prallvollen Rucksack. „Das ist sehr verdächtig", kombinierte Bernd, „wenn er Auto oder Fahrrad fahren könnte, müsste er nicht mit dem Bus flüchten." Bernd war leidenschaftlicher Busfahrer. Er kannte alle siebenundzwanzig Buslinien der Stadt wie seine Westentasche und war mit fünfzehn Busfahrern gut befreundet. Deswegen durfte er beim Busfahren auch Eis essen oder Gitarre spielen, obwohl das eigentlich verboten war. Außerdem konnte er dabei gut üben, Menschen zu beobachten. Denn schließlich wollte er später Detektiv werden.

Wörteranzahl: 115

Benachbarte und aufeinander bezogene Wörter werden normalerweise getrennt geschrieben: **Fahrrad fahren**
Aber: Wird eine solche Wortverbindung substantiviert, schreibt man sie zusammen: **beim Busfahren**

Die Verbindung aus zwei gleichrangigen Adjektiven schreibt man zusammen: **blaugrün**

7/8 ### Die Tasche im Teich

Briefträger Leopold konnte rückwärts singen und seitwärts gehen und dabei die Post verteilen. Kurz vor Ostern war er dummerweise mit Frau Förster aufeinander geprallt, die plötzlich um die Ecke gerannt kam. Sie hing an der Leine ihres Hundes Beethoven, der abhauen wollte. Frau Förster vollbrachte das Kunststück, vorwärts über den Gartenzaun zu segeln und dabei die Einkaufstasche fest zu halten. Sie flog sicher über das Gemüsebeet, auf dem Beethoven seine Spuren hinterlassen hatte. Kurz vor dem Aufprall im Komposthaufen konnte sie ihre Tasche abwerfen. Sie landete sicher im Goldfischteich. „Die Eier dürften hinüber sein", kicherte Frau Förster, „aber die Landung muss mir erst einmal jemand nachmachen!"

Wörteranzahl: 106

Verbindungen aus Adverb und Verb/Partizip schreibt man getrennt: **seitwärts gehen**

Wortverbindungen mit dem Verb „sein" schreibt man immer getrennt: **hinüber sein**

Wortverbindungen aus einem Partikel und einem Verb schreibt man zusammen: **nachmachen**

Frisch gebrannte Kacheln

„Wer in der Mittagspause schon schlecht gelaunt ist, kann abends keinen draufmachen", schlussfolgerte Meister Zettel und biss in sein selbst geschmiertes Käsebrötchen. Streng genommen war Hannes auch nicht mies gelaunt. Er tat nur so, denn dann durfte er manchmal früher heimgehen. Diesmal sollte sein Plan jedoch fehlschlagen. „Wie viele Kacheln soll ich noch bemalen?", wollte er wissen und wurde leichenblass, als er die Kiste mit frisch gebrannten Küchenkacheln öffnete. „Irgendjemand muss mit der Kiste Fußball gespielt haben. Sie ist voller wunderschöner Scherben." „Dumm gelaufen", meinte der Meister mit einem Blick auf den Scherbenhaufen, „dann wird irgendeiner heute wohl Überstunden machen müssen." Als Hannes nachts um halb zwei endlich heimfahren konnte, hatte er viele selbst bemalte Kacheln produziert.

Wörteranzahl: 117

Getrenntschreibung:
- Verbindungen aus Adjektiv und Verb/Partizip, wenn das Adjektiv steigerbar ist oder zumindest mit „sehr" oder „ganz" erweitert werden kann: **streng genommen**
- Verbindungen von Adjektiven mit „so", „zu" und „wie": **wie viele**

Zusammenschreibung:
- Wortverbindungen mit verblassten Substantiven: **schlussfolgern, leichenblass**
- Verbindungen mit irgend-: **irgendeiner**

7/8 Rückwärts ins Glück

Jens, der stadtbekannte Fernsehkoch, war eigentlich zum Skifahren in die Berge gefahren. Doch leider lag viel zu wenig Schnee. Also musste er entweder Schlitten fahren oder wandern gehen. Er entschied sich fürs Schlittenfahren. Fünf knusprig frische Brötchen packte er in seinen Rucksack, streifte seinen selbst gestrickten Pullover über und zog die olivgrüne Pudelmütze über die Ohren. Den Schal hatte er im Hotelzimmer liegen gelassen. Vor dem Hotel schnappte er sich einen knallroten Schlitten und fuhr los. Als plötzlich irgendein dummdreister Bär im Weg stand, konnte Jens nicht abspringen, weil der Schlitten frisch gestrichen war. Er drehte sich geschickt um die eigene Achse, um rückwärts weiterzufahren, schoss an einer Gruppe Japaner vorbei und endete in einem fürchterlich stinkenden Misthaufen.

Wörteranzahl: 118

Getrenntschreibung:
– Wortverbindungen aus Substantiv und Verb: **Schlitten fahren**
  Aber: In substantivierter Verwendung als ein Wort! **fürs Schlittenfahren**
– Verbindungen aus Adjektiv und Verb/Partizip, wenn das Adjektiv steigerbar ist: **frisch gestrichen**
– Verbindung von Verb und Partizip, wenn die Grundform auch schon getrennt geschrieben wird: **liegen gelassen**
– wenn der 1. Wortteil einer Verbindung aus Adverb und Verb/Partizip auf -ig, -lich, -isch endet: **fürchterlich stinkend**
– Verbindungen aus Adjektiven mit „so", „zu", „wie": **zu wenig**

Zusammenschreibung:
– Alle Wortverbindungen mit „irgend-": **irgendein**
– Verbindungen aus verblasstem Substantiv und Adjektiv: **stadtbekannt**

Ganz schön schräg

Weltberühmt ist er – der Schiefe Turm von Pisa. Weil er so markant ist, wurde er zum Wahrzeichen dieses toskanischen Städtchens mit seiner liebenswerten Atmosphäre. Die gut erhaltene, zinnengekrönte Stadtmauer umgibt den Domplatz – mittendrin der Schiefe Turm, der frei stehende Glockenturm des Doms. Von nahem erscheint er noch krummer als auf den heiß begehrten Ansichtskarten. Immerhin ist er mit seinen sechs übereinander gebauten Säulengalerien ganze 56 m hoch und hängt dabei oben um 4,50 m über. Schon beim Bauen bemerkten die Architekten, dass der Untergrund dem größer werdenden Gewicht des Bauwerks nachgab, und korrigierten seine Neigung. Aber sein stetig schreitendes Einsinken hat nie aufgehört. Sämtliche Versuche, diesen Vorgang zu stoppen, sind kläglich gescheitert. Man hofft noch immer darauf, dass das Einsinken durch fester werdenden Untergrund von selbst Halt macht.

Unabhängig von der Tageszeit verbreitet der Turm ein friedlich anmutendes Bild: Junge Leute sitzen hier im Gras, sind fröhlich gelaunt und spielen Gitarre. Seine direkte Umgebung lädt zum Entdecken des graffitiverzierten Palastes oder einer muschelübersäten Fassade im ältesten botanischen Garten der Welt ein. Nach dem zufrieden stellenden Genuss eines Espressos in der Schatten spendenden Platanenallee landet man wieder beim Schiefen Turm von Pisa.

Wörteranzahl: 194

Getrennt schreibt man Verbindungen aus
- steigerbarem Adjektiv und Verb: **gut gehen**
- Adverbien und Verb/Partizip, wenn das Adverb auf -ig, -isch, -lich oder -einander endet: **kläglich gescheitert**
- Substantiv und Verb/Partizip: **Halt machen, Schatten spendenden**

Zusammen schreibt man Verbindungen aus
- Adjektiven mit Substantiven, Adjektiven, Partikeln und Verben, wenn ein Wortteil nicht selbstständig stehen kann: **weltberühmt**

9/10 **Heilmittel: Hund, Katze, Maus**

Dass Haustiere einen erzieherischen Wert für Kinder haben, ist wohl nahe liegend. Neue Erkenntnisse gibt es aus medizinischer Sicht, dass Tiere direkt zu therapeutischen Zwecken einsetzbar sind. Da geht es der alten Oma im Seniorenheim viel besser, seit die Betreuerin jeden dritten Tag zu Besuch kommt mit Hasso, dem Schäferhund. Vorher hatte sie keine Bereitschaft für Kontakte mehr gezeigt, umso mehr kann die alte Frau beim Streicheln des Hundefells und dem treuen Blick aus Hassos Augen wieder Freude zeigen, wieder lachen und ein bisschen reden. Und da ist der aggressive Mann, der von der Polizei immer wieder bei Schlägereien festgenommen wurde. Seit er auf dem Bauernhof allein verantwortlich ist für die Schafherde, ist er unheimlich friedlich geworden. Es ist ihm klar geworden, dass die Tiere ihn brauchen. Das Vertrauen, das ihm zu anderen Menschen verloren gegangen war, haben die Tiere ihm in ihrer direkten Art der Zuneigung wiedergegeben. Wie glücklich ist er, wenn er ab und zu ein neugeborenes Lämmchen im Arm halten und liebevoll streicheln kann.
Aber nicht nur für die Psyche entstehen diese viel versprechenden Heilungsprozesse. Auch Ärzte waren verblüfft, als Patienten mit organischen Krankheiten schneller genesen sind, wenn sie sich mit Tieren beschäftigten. Offensichtlich setzen die unbefangen erlebten Kontakte Energien frei, die der Gesundung dienen.

Wörteranzahl: 214

> Getrennt schreibt man Verbindungen aus
> – Partizip + Verb: **verloren gehen**
> – Adverb und Adjektiv: **allein verantwortlich**
>
> Zusammen schreibt man Verbindungen aus
> – Partikel und Verb: **wiedergegeben**
> – Substantiv und Adjektiv ohne Artikel und Präposition: **liebevoll**
> – Adjektiv und Partizip in fester Verbindung: **neugeboren**

Korallenriff

Die Korallen sind wahre Baumeister in den tropischen Gewässern. Die einzeln lebenden Polypen stecken mit ihrem Fuß in einem kleinen Kalkkelch. Unzählige solcher Kalkkelche lassen ein immer größer werdendes Gebilde entstehen, das so genannte Korallenriff. Beim Tauchen in exotischen Gebieten wird es der Unerfahrene als steil abfallende Felswand wahrnehmen, stattdessen handelt es sich um eine kompliziert aufgebaute Kolonie aus lebenden Steinkorallen. Wenn wir uns näher mit ihnen auseinander setzen, erfahren wir, dass der Korallenstock den Polypen Schutz vor Feinden bietet und ein idealer Standort für ihre Nahrungsaufnahme ist. Jedes Mal wenn ein geeignet erscheinendes Kleinstlebewesen vorbeischwimmt, fängt es der Polyp mit seinen Gift spritzenden Tentakeln.

Am schönsten sind die Lagunenriffe, die in nicht allzu großer Tiefe liegen. Schon Charles Darwin erforschte Folgendes: Steinkorallen kommen nur in klarem, gut durchlichtetem Meerwasser vor, das außerdem sauerstoff- und planktonreich ist. Korallen leben in Symbiose mit Algen. Gehen diese aufgrund von Lichtmangel zugrunde, hören die Korallen mit der Kalkproduktion auf.

Darüber hinaus bietet diese Unterwasserlandschaft breit gefächerte Unterschlupfmöglichkeiten. In ihren Höhlen wohnt die fressgierige Muräne, und die frei umherschwimmenden Fische suchen bei drohender Gefahr Schutz in den Ästen des Korallenstocks.

Wörteranzahl: 186

Getrennt schreibt man Verbindungen aus
– Adverbien und Verb/Partizip: **auseinander setzen**
– Adjektiv und Partizip, wenn das Adjektiv steigerbar ist: **steil abfallend**
– Substantiv und Partizip: **Gift spritzend**

Zusammen schreibt man Verbindungen aus
– Partikel und Verb: **vorbeischwimmen**
– artikellosem Substantiv und Adjektiv: **sauerstoffreich**

9/10   **Hübsch durch Essen?**

Für das Funktionieren unseres Körpers müssen wir ihm immer wieder Brennstoff liefern. Dieser Vorgang ist im Allgemeinen recht angenehm, weil wir uns dazu wohl schmeckende Speisen aussuchen können. Wir machen also aus der Not eine Tugend. Aber außer Kalorien, die wir als Energiequelle fürs Laufen, Sporttreiben usw. benötigen, braucht der menschliche Organismus auch Vitamine, Mineralstoffe und Spurenelemente für verschiedenartige Stoffwechselvorgänge. Wenn die Haut trocken bleibt, die Haare spröde oder die Fingernägel brüchig werden, kann dies ein Vitaminmangel sein. Schönheit kommt größtenteils von innen! Wer gesund lebt, sieht auch besser aus.

Als hautschützende Vitamine wirken die fettlöslichen A-Vitamine, die in Eigelb, Käse und als Vorstufe in Möhren und Spinat stecken. Genauso wichtig sind die wasserlöslichen B-Vitamine, die in Vollkornprodukten, Fleisch, Kartoffeln und Nüssen enthalten sind. Von dem Vitamin C ist vor allem bekannt, dass es die Abwehrkräfte stärkt. Manchem scheint es schwer verständlich, aber es hält auch Zähne, Knochen und Blutgefäße gesund. Besonders viel steckt in Paprikaschoten, Zitrusfrüchten und Petersilie. Aber Achtung vor zu viel Süßigkeiten! Zucker ist ein wahrer Vitamin-C-Killer.

Wörteranzahl: 174

> Getrennt schreibt man
> – Verbindungen aus so, wie, zu mit einem Adjektiv: **zu viel**
> – Fügungen in adverbialer Verwendung: **vor allem**
>
> Zusammen schreibt man Verbindungen aus
> – Partikel und Verb: **aussuchen**
> – Substantiv und Partizip/Adverb ohne Präposition und Artikel: **hautschützend**
> – Adverb und Adjektiv, wenn der 2. Bestandteil nicht selbstständig vorkommt: **verschiedenartig**

Rätselhafter Pyramidenbau

Pyramiden locken früher wie heute viele Menschen an, die deren Geheimnisse offen legen wollen. Die einen möchten die sagenumwobenen Kraftzentren in ihrem Innern kennen lernen, Habsüchtige dagegen suchen nach uralten, verborgenen Schätzen. Dabei büßten sie oft mit dem Leben dafür, weil sie sich verirrten oder das stickig heiße Klima in den endlosen Gängen nicht vertragen haben.

Eines der unergründlichsten Rätsel jedoch bleibt die grundlegende Frage, wie die Menschen es mit den damaligen Mitteln überhaupt schafften, diese monumentalen Bauwerke zu errichten. Die einen schreiben es dem Menschen vernichtenden Einsatz von Sklaven zu, die andern behaupten, dass die Bauhandwerker nur mit dem reichlichen Genuss von Knoblauch jahrzehntelang durchhalten konnten.

Jetzt will ein britischer Ingenieur des Rätsels Lösung entdeckt haben. Nach seiner Überzeugung wurden die gewaltigen Steinquader in hölzerne Rahmen gepackt und bergauf gerollt. Die bisherige Theorie, wobei die zirka 2 Millionen Steine zum Bau einer großen Pyramide mit Schlitten über Rampen in die Höhe gezogen wurden, sei nicht haltbar. Bei dieser Methode wären die hölzernen Rampen allein schon vom Gewicht der erforderlichen Arbeitskräfte zerbrochen. Er ist der Überzeugung, dass nicht brutale Gewalt zum Errichten der Pyramiden verwendet wurde, sondern eine technisch ausgetüftelte Lösung.

Wörteranzahl: 194

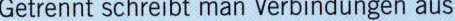

Getrennt schreibt man Verbindungen aus
– Substantiv und Partizip: **der Menschen vernichtende**
– Adjektiv und Verb: **offen legen**
– Adverb und Adjektiv: **stickig heiß**

Zusammen schreibt man untrennbare Verbindungen aus
– Verbstamm/Substantiv oder bedeutungsverstärkenden Teilen und Adjektiv:
  endlos, jahrzehntelang, uralt

9/10 ## Kometenhaft

Das Frühjahr 1997 bescherte uns ein seltenes Schauspiel am Abendhimmel. Der hell leuchtende Komet Hale-Bopp raste mit einer Geschwindigkeit von 160 000 km/h für uns alle weithin sichtbar durch unser Sonnensystem. Am sonnennächsten Bahnpunkt entwickelte sein aus Eisstücken bestehender Kometenschweif seine größte Länge von rund 20 aneinander gereihten Vollmonddurchmessern. Viele Menschen sind von diesem Ereignis fasziniert und bedenken nicht, dass neben Gas und Staub das Weltall um uns herum zahlreiche Gesteinstrümmer und weitere Kometen enthält. Jeden Tag dringen mehrere Tausend Tonnen dieser Materie in unsere Erdatmosphäre ein, von der Größe eines Staubkorns bis zu meterdicken Felsbrocken. Die meisten verglühen allerdings als Sternschnuppen. Erst ab 50 m Durchmesser hat ein kosmischer Fremdkörper die Chance, den Erdboden zu erreichen. Nur alle paar Jahrhunderte kommt es zu einem solchen sichtbaren Niedergang. Gefahr droht dann dicht besiedelten Gebieten oder küstennahen Regionen, die von gewaltigen Flutwellen bedroht sind. Erst bei einem Durchmesser von mehr als 1 km wären die Folgen fatal. Gewaltige Mengen Staub in der Atmosphäre würden vermutlich zu einem monatelangen Winter führen. Bei den Forschern herrscht daher weit gehend Einigkeit darüber, dass die Erdbahn kreuzenden Teile beobachtet und registriert werden, um Abwehrmaßnahmen gegen diese potenziellen Gefahren einsetzen zu können.

Wörteranzahl: 197

Getrennt schreibt man Verbindungen aus
– Adjektiv und Partizip: **hell leuchtende**
– zusammengesetzte Adverbien und Verb: **aneinander gereihten**

Zusammen schreibt man untrennbare Verbindungen aus
– Substantiv und Substantiv: **Abendhimmel**
– bedeutungsverstärkendem Substantiv und Adjektiv: **küstennah**

Wie entsteht Glas?

Fensterscheiben, Flaschen und Gläser sind wie viele andere Gebrauchsgegenstände heute aus Glas. Glas besteht aus Quarzsand, Kalk und Soda oder Pottasche. Fast immer werden Glassachen heute maschinell hergestellt. Eine Maschine kann pro Minute mehr als 200 Flaschen herstellen.

Aber es gibt auch heute noch den Glasbläser, der das Glas mit der Hand, oder besser mit dem Mund, herstellt. Mit einem langen Rohr, der Glasmacherpfeife, nimmt er einen heißen Glasklumpen auf. Unter ständigem Drehen muss er kräftig in die Pfeife blasen und dabei das Glas formen. Das fertige Glas wird dann noch einmal in einem Brennofen bei 500 Grad erhitzt.

Einige Werkstätten von Glasbläsern können besichtigt werden. Dort kannst du die Glasbläser bei ihrer Arbeit beobachten.

Wörteranzahl: 106

Das stimmhafte (gesummte) s schreibt man immer als einfaches „s": **blasen**

Das stimmlose (gezischte) s schreibt man als
– „s": **fast**
– „ss": **muss**
– oder „ß": **heißen**

5/6 **Gefäße aus Ton**

Ton wird aus Erde gewonnen. In einer Tonmühle wird sorgfältig die Luft herausgepresst. Es dürfen keine Luftblasen zurückbleiben.

Ton kann auf verschiedene Arten geformt werden. Du kannst ihn mit der Hand zu Gefäßen verarbeiten. Wenn aber zahlreiche Gefäße schnell hergestellt werden sollen, benutzt man Gussformen aus Gips. Der flüssige Ton wird hineingegossen.

Wenn das überflüssige Wasser entfernt ist, nimmt man das Tongefäß heraus und versieht es mit einem Henkel. Dann wird es im Brennofen gebrannt. Anschließend wird es mit einer Glasur besprüht und noch einmal im Brennofen gebrannt. Nach der Bemalung mit einer Spezialfarbe muss es noch ein letztes Mal gebrannt werden. In Töpferkursen kann man lernen, Gefäße aus Ton zu formen.

Wörteranzahl: 112

Nach einem langen Vokal oder Doppellaut (Diphthong) schreibt man das stimmlose s als „ß": **Gefäß, anschließend**

Nach einem kurzen, betonten Vokal schreibt man das stimmlose s als „ss": **Guss, muss**

Eine Straße wird gebaut

Straßen bestehen aus mehreren Schichten von Sand, Schotter und Asphalt, sodass sie großen Lastwagen und schweren Transportfahrzeugen jahrelang standhalten können.

Bagger bereiten die freien Flächen so vor, dass sie von Planierraupen und Walzen geebnet und festgestampft werden können. Auf den mit Schotter aufgefüllten Untergrund wird heißer Asphalt in mehreren Schichten aufgetragen, der natürlich auch gewalzt wird. Auf die oberste Schicht kommt Splitt, sodass die Oberfläche rau wird und die Autoreifen besser greifen können. Wusstest du, dass die Römer vor 2000 Jahren schon fast 90 000 km befestigter Straßen gebaut hatten?

In einigen Gebieten kannst du noch heute Reste dieser alten Römerstraßen anschauen. Einige Autostraßen verlaufen genau auf alten Römerstraßen, wie zum Beispiel die Bundesstraße 9, die am Rhein entlangführt.

Wörteranzahl: 110

Die Konjunktion **dass** wird mit „ss" geschrieben. Achtung: Die Konjunktion **sodass** kann auch getrennt geschrieben werden: **so dass**

Nach langem Vokal oder Doppellaut (Diphthong) schreibt man das stimmlose s als „ß": **Straßen**

Nach kurzem, betontem Vokal schreibt man das stimmlose s als „ss": **wusstest**

5/6 ### Wer war Darwin?

Darwin war ein Naturforscher, der im 19. Jahrhundert lebte. 1832 ging er das Wagnis ein, an einer fünf Jahre dauernden weltweiten Forschungsreise teilzunehmen. Die Ergebnisse dieser langen Reise waren ein interessantes Reisetagebuch und eine große Sammlung von Versteinerungen, Knochenfunden und Tierpräparaten.

Nach jahrelangem Forschen kam Darwin zu der Erkenntnis, dass es die jetzigen Tier- und Pflanzenarten nicht immer gegeben hat. Sie haben sich in Jahrmillionen aus einfachen Formen entwickelt und immer wieder den jeweiligen Verhältnissen angepasst. Die Darwin'sche Lehre stieß damals nicht nur auf Verständnis, sondern auch auf heftige Kritik und viel Misstrauen. Heute ist sie die Grundlage der modernen Biologie.

Wörteranzahl: 97

Die Nachsilbe -nis wird mit einem „s" geschrieben: **Verständnis**

Die Vorsilbe Miss- wird mit „ss" geschrieben: **Misstrauen**

Nach kurzem, betonten Vokal schreibt man das stimmlose s als „ss": **angepasst**

Nach langem Vokal oder Doppellaut (Diphthong) schreibt man das stimmlose s als „ß": **stieß**

Der **flüssige Verschluss**

Sicher hast du schon gesehen, dass das Abflussrohr unter dem Waschbecken die Form eines Knies hat, die S-Form.

Das Wasser fließt aus dem Waschbecken durch diese S-Krümmung hindurch in das dickere Abflussrohr des Hauses. Das Gewicht des nachrückenden Wassers drückt das abfließende Wasser durch das Knie. Durch die Krümmung des Rohres wird aber erreicht, dass ein letzter Wasserrest im Rohr zurückbleibt. Er bildet an dieser Stelle einen flüssigen Verschluss und verhindert so, dass der üble Geruch und die giftigen Gase, die die schmutzigen Abwässer bilden, in unsere Wohnungen gelangen.

Das mit Wasser angefüllte Knie bildet also einen Geruchsverschluss.

Wörteranzahl: 90

Nach kurzem, betonten Vokal schreibt man das stimmlose s als „ss“: **dass, Verschluss.**

Nach langem Vokal oder Doppellaut (Diphthong) schreibt man das stimmlose s als „ß“: **fließt**

5/6 Das **Rad**

Es ist das Rad, das alles ins Rollen brachte. Es steht fest, dass ohne das Rad keine größeren Erfindungen möglich gewesen wären.

Es gäbe heute weder das Auto noch den Zug. Es gäbe gar keine Maschine. Es ist das Rad, das seit seiner Erfindung dem Menschen das Leben erleichtert. Jahrhundertelang hat das Mühlrad für den Menschen das Korn gemahlen, der Flaschenzug hat für ihn die Lasten gehoben. Nur weil ein Rad ein anderes Rad drehen kann, sind Maschinen möglich geworden. Wie beeindruckend ist es, zu sehen, wie ein Zahnrad in ein anderes greift und so Uhren und große Maschinen antreibt! Viele glauben, dass das Rad das Beste ist, das je erfunden worden ist.

Wörteranzahl: 102

Die Konjunktion **dass** wird mit „ss" geschrieben.

Der Artikel **das**, das Relativ- und Demonstrativpronomen **das** wird mit „s" geschrieben.

Das Nusshausener Schulfest

Das Nusshausener Schulfest war ein riesiges Spektakel. Fast jeden August fand es statt. Jedes Mal kamen riesige Massen von Besuchern, manche mit dem Bus, manche zu Fuß. Die Fünftklässler hatten sogar eine Misswahl organisiert. Siegerin wurde Laura, obwohl sie an diesem Tag ziemlich blass aussah. Außerdem riss ihr Hosenträger und sie fiel fast auf die Nase. Das lag vielleicht an ihren Schuhen, die ein bisschen zu groß waren und ihr nicht passten. Oder es war ihr hässlicher Anzug, der auf dem Boden schleifte. Mit dem riesigen Hut auf dem Kopf sah sie aus wie ein Walross. Es muss also ihr fesselndes Lächeln gewesen sein, das die Preisrichter überzeugte. Hatte sie jemanden mit einem Kuss bestochen?

Wörteranzahl: 114

Nach kurzem, betonten Vokal schreibt man das stimmlose s als „ss":
Misswahl

Bei Fremd- oder Lehnwörtern kann im selben Fall aber auch nur ein einfaches „s" stehen: **Bus**

Nach langem Vokal oder Doppellaut (Diphthong) schreibt man das stimmlose s als „ß": **groß**

7/8 **Ohren in Gefahr**

Immer wieder ist in der Zeitung zu lesen, dass laute Musik den Ohren scha-
det. Das weiß auch Jonas. Trotzdem dreht er manchmal das Radio, das ihm
seine Oma zu Weihnachten geschenkt hat, so laut auf, dass die Wände wa-
ckeln. Er ist sich sicher, dass sein Gehör das gut verkraften kann. Schließlich
ist er ja noch so jung, das ist dann nicht so schlimm. Außerdem macht er
das ja nicht immer so. Allerdings vermutet er, dass seine Oma noch nie Zeitung gelesen hat, denn sie ist stark schwerhörig. Entweder hat sie immer zu
laut Radio gehört oder sie war zu oft in der Disko. Das ist doch klar.

Wörteranzahl: 107

Die Konjunktion **dass** wird mit „ss" geschrieben.

Der Artikel **das** und das Relativ- und Demonstrativpronomen **das** wird mit „s"
geschrieben.

Nach einem lang gesprochenen Vokal oder einem Diphthong schreibt man
das stimmlose s als „ß".

Sonderbar, dieser Samuel

Es herrscht riesige Aufregung im sagenumwobenen Sonnenland. Wie jeden Samstag und Sonntag versammelt sich das Volk vor dem Palast, um den Monarchen zu feiern. Doch dieses Mal erscheint er nicht: König Samuel hat Masern und sieht aus wie ein Streuselkuchen. Sein Gesicht ist voller rosiger Blasen. Weil er deswegen so seltsam schielt, kann er nicht mehr lesen. Selbst seine Brille hilft da wenig. Samuel wird langsam zur rasenden Wildsau, denn Lesen ist seine Lieblingsbeschäftigung. Den gesamten Sonntag gammelt er schon auf dem Sofa herum. Schließlich wird es ihm zu bunt und er zertrümmert seine Posaune, die der Hofmusiker sieben Tage später mit Sekundenkleber wieder zusammenbaut. Sonderbar, dieser Samuel.

Wörteranzahl: 108

Das stimmhafte s wird immer als einfaches „s" geschrieben: **riesig**

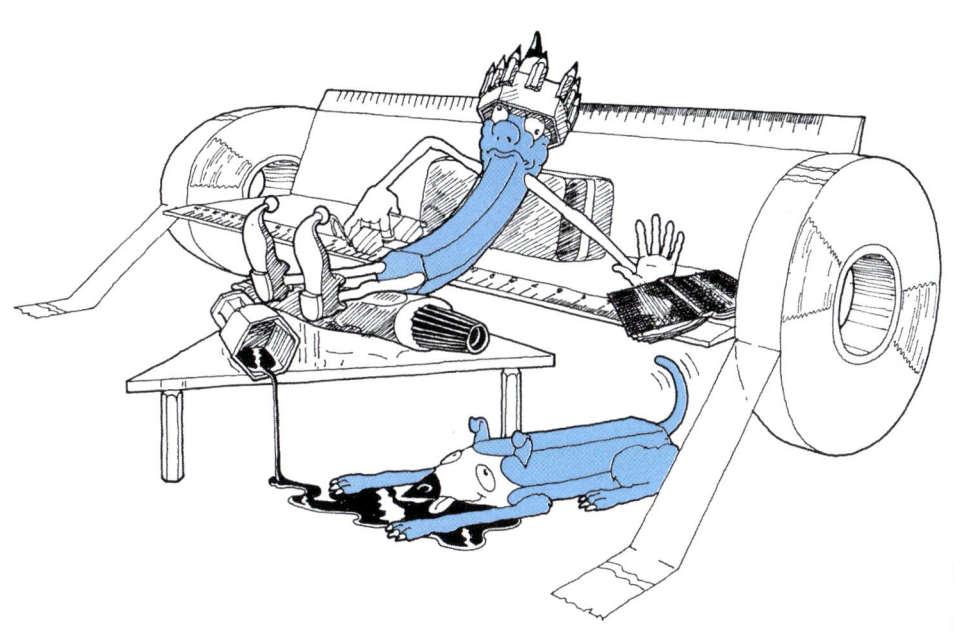

7/8 Meister Eder **isst** gerne alleine

Gestern fand Meister Eder in seinem Müsli einen Seestern. Dieser erzählte ihm von der großen, weiten Welt. Er stammte aus einem großen See, der mit Süßwasser gefüllt ist.

Meister Eder gab dem hungrigen Seestern ein Stück Salamibrot, das er zubereitet hatte. Der Seestern biss herzhaft in die Schnitte. „Weißt du eigentlich, wie lange ich schon keine Wurst mehr gegessen hatte?", fragte das seltene Tier den Schreinermeister und fraß dessen gesamte Speisekammer leer. Außerdem verspeiste er noch sechs Käsebrote. Aber mit den Weihnachtssternen aus Lebkuchen hatte er Mitleid. Er konnte doch keine anderen Sterne essen. Das brachte er nicht übers Herz.

Meister Eder ärgerte sich maßlos. Er schnappte sich den Vielfraß und ließ ihn unsanft in die Badewanne segeln. „Auf eine solche Gesellschaft kann ich beim Essen gerne verzichten", flüsterte er.

Wörteranzahl: 131

Nach kurzem, betonten Vokal schreibt man das stimmlose s als „ss": **isst**

Nach langem Vokal oder Doppellaut (Diphthong) schreibt man das stimmlose s als „ß": **fraß**

Der wandelnde Wochenmarkt

Bereits seit Ostern dachte Sven darüber nach, wie er sich zu Fastnacht im nächsten Jahr verkleiden könnte. Im Herbst hatte er die beste Idee: „Ich werde ein Lebensmittelgeist sein", hustete er. Aber er wusste noch nicht genau wie. Deshalb ging er eines Morgens in den Garten und suchte nach Sachen, die er benutzen konnte. Er fand einen Maiskolben für die Nase, einen halben Kürbis als Hut, nahm etwas Gras und Kresse für die Haare und machte sich aus dreißig Walnüssen eine Halskette. Seine Füße steckten in zwei Obstkisten und um den Bauch befestigte er ein großes Heringsfass. Außerdem klebte er sich Weißwürste auf die Arme, die sich aber wieder ablösten. Als er am Fastnachtsdienstag in den Bus stieg, musste er über sich selbst lachen.

Wörteranzahl: 124

Das stimmhafte s schreibt man immer als einfaches „s": **sein**

Nach kurzem, betontem Vokal schreibt man das stimmlose s als „ss": **musste**

Ausnahmen bilden oft Lehn- und Fremdwörter, in denen nur ein „s" vorkommt: **Kürbis**

Nach langem Vokal oder Doppellaut (Diphthong) schreibt man das stimmlose s als „ß": **dreißig**

9/10 **Wochenendtrip**

Holger und Gerd beschlossen, das Angebot, das sie an der Litfaßsäule gelesen hatten, wahrzunehmen. Schließlich ist es ja nicht weit entfernt von uns – das Elsass.

Eine Bustour für junge Leute wurde versprochen, jede Menge Spaß und als Ziel das Ungewisse. Petra wollte da eher Maß halten und misstraute den überschwänglichen Versprechen. Aber Holger war wie immer der Boss und entschied: Wir fahren am Freitagabend!

Es war schon eine harte Nuss, in dem klapprigen, alten Bus die Fahrt zu überstehen. Zu allem Überdruss wurden sie in ein uraltes Gemäuer einquartiert und sie hausten in einem düsteren Raum. Das Essen war außerdem sehr spärlich, und los war auch nichts.

Ganz vermiesen lassen wollten sich die drei Freunde ihr Wochenende nicht. Ihre Eltern hatten einen Zuschuss für diese Ausflugfahrt spendiert, sie taten sich selber Leid und so fiel der Beschluss, dass sie in dem nahe gelegenen Lokal eine Spezialität des Elsass genießen wollten: Flammkuchen aus dem Holzbackofen.

Mit dieser positiven Erinnerung fuhren sie am Samstagabend nach Hause. Das nächste Mal erkundigen sie sich aber besser über die Reisebedingungen!

Wörteranzahl: 174

Die s-Laute:
– „ß" steht nach langem Vokal oder nach einem Diphthong: **schließlich**
– Nach kurzen Vokalen erfolgt Verdoppelung des stimmlosen s – unabhängig von seiner Stellung im Wort (als Präfix, am Ende, ...): **Boss**

Bemerkung: Bei Eigennamen bleibt die Schreibweise mit „ß" auch entgegen der neuen Regelung erhalten: **Litfaßsäule**
Aber: Eingedeutschte geographische Begriffe unterliegen den neuen Rechtschreibregeln: **Elsass**

Gesundheit

Schon im Adressbuch fällt auf, dass immer mehr Bäckereien das zunehmende Gesundheitsbewusstsein der Bevölkerung beachten: Gebäck aus frisch gemahlenem Korn. Bis gegen Ende des 19. Jahrhunderts wurde das Mehl in kleinen Mühlen nach Bedarf gemahlen – es war immer frisch. Mit der Industrialisierung entstanden größere Mühlen, aber die längere Lagerdauer des Mehls machte es ungenießbar – es wurde ranzig. Die Müller begannen das Getreide zu schälen und erhöhten dadurch dessen Haltbarkeit. Bald zeigt sich aber in Versuchen, dass ausschließlich mit Weißmehl gefütterte Tiere krankheitsanfälliger wurden. Bei Expeditionen entdeckte man, dass Naturvölker, die sich ausschließlich mit naturbelassenem Reis ernährten, sehr gesund waren. Der Verzicht auf die verdauungsfördernden Schalenteile und die essenziellen Vitamine des Keimlings ruft also ernährungsbedingte Krankheiten hervor, die sich oft erst nach ein bis zwei Jahrzehnten äußern.

Der Schlüssel zur Gesundheit und zur Fitness ist neben ausreichender Bewegung auch eine ausgewogene Ernährung. Dazu gehört als Basis sicherlich Brot aus frisch geschrotetem Korn. Aber wie so oft, gilt auch hier der Kompromiss: Ab und zu muss man sich nicht das krosse Brötchen aus Weißmehl verwehren – und einmal im Jahr darf auch der volle Essgenuss bei den Weihnachtsgebäcken aus „ungesunden" Mehlen sein.

Wörteranzahl: 191

Nach langem Vokal und einem Diphthong schreibt man das stimmlose s als „ß": **größere**

Nach kurzem, betontem Vokal schreibt man das stimmlose s als „ss": **Adressbuch**

9/10 Dummys

Die moderne Mobilität hat auch Schattenseiten. So sehr das eigene Auto dem Menschen eine größere Freiheit beschert hat, so groß sind auch die damit verbundenen Gefahren. Eigentlich muss man aufs Schlimmste gefasst sein. Immer wieder passieren grässliche Unfälle.

Es ist der Cleverness des Menschen zuzuschreiben, dass er dem menschlichen Körper nachempfundene Puppen erfunden hat, die an seiner Stelle Versuche mit Unfällen „erdulden": die Dummys. Sie werden auf den Sitzen der Pkws angegurtet. Die Fahrzeuge werden mit voller Wucht wie ein Geschoss gegen eine Wand geschleudert, aus großer Höhe bis zum abrupten Stopp fallen gelassen oder von anderen Fahrzeugen gerammt, um möglichst realistisch Zusammenstöße zu simulieren.

Die Dummys werden im Nachhinein genauestens untersucht. Die Ergebnisse dieser Crashtests fließen in einen Entwicklungsprozess ein, der die Gefahr beim Autofahren mindert.

Reale Schlussfolgerungen aus diesen Versuchen sind gewiss der Airbag zum Abfangen des Aufpralls und wesentliche Erkenntnisse für die Optimierung von Kindersitzen und Haltesystemen für Babys.

Wörteranzahl: 156

Nach langem Vokal und Diphthong schreibt man das stimmlose s als „ß": **groß**

Nach kurzem Vokal schreibt man das stimmlose s als „ss": **grässlich**

Tagesablauf einer jungen Spitzensportlerin

Schon um 5 Uhr morgens fällt die Tür hinter Steffi ins Schloss, wenn sie in ihrem Jogginganzug durch die engen Gässchen rennt, um ihre Ausdauer zu stärken. Meist ist sie dann schon ganz nass geschwitzt. Aber die geeignete Abkühlung erlebt sie anschließend in der Schwimmhalle ihres Vereins. Die junge Schwimmerin muss schon manchmal die Zähne aufeinander beißen, wenn sie alle geforderten Trainingsbahnen absolvieren soll. Aber ihr ist bewusst: Wenn das Messergebnis ihrer geschwommenen Zeiten gut ist, wird ihr Trainer den Entschluss fassen, dass sie beim nächsten Wettkampf teilnehmen darf.

Allzu lange kann sie auch hier nicht verweilen – sie muss ja noch in die Schule. Und danach kann sie immer noch nicht müßig gehen. Meistens isst sie mittags am Imbissstand nur einen Hamburger mit Ketschup.

Am Nachmittag findet ihre bestgehasste Disziplin statt: Krafttraining in der so genannten Folterkammer. Dagegen ist das erneute Üben im gewohnten Nass der reinste Spaß.

Erst am Abend darf Steffi sich in ihrer Familie etwas gehen lassen. Ihre Mutter kocht ihr ein eiweiß- und vitaminreiches Essen, der Vater unterstützt sie ein bisschen bei den Hausaufgaben – nur ihr Bruder ärgert sie zu allem Verdruss!

Wörteranzahl: 189

Nach kurzem, betontem Vokal schreibt man das stimmlose s als „ss":
Schloss

Nach langem Vokal oder Diphthong schreibt man das stimmlose s als „ß":
Spaß

9/10 **Zuckersüß**

Zucker entsteht im Ernährungskreislauf von Pflanzen. Mithilfe des Sonnenlichts verwandelt die Pflanze die im Wasser gelösten Nährstoffe durch Assimilation in Zucker beziehungsweise Stärke und lagert diese ein. Beim Genuss von reifen Früchten ist die Süße deutlich zu spüren.

Zur industriellen Gewinnung von Zucker werden vornehmlich Zuckerrohr und -rüben verwendet. Dieses Verfahren auf der Basis von Zuckerrohrsaft wurde im 4. Jahrhundert in Indien entdeckt. Die Araber verfeinerten die Gewinnungsmethoden. Zur Zeit der Kreuzzüge gelangten die Kenntnisse zur Zuckerherstellung nach Europa. Dass wir heute in der Herstellung autonom sind, verdanken wir A. S. Marggraf, der 1747 die Gewinnung aus Rüben von den heimischen Feldern entdeckte.

Auch heute noch wird mit heißem Wasser der Zucker aus der Rübe herausgelöst und zu Sirup eingekocht, in dem sich langsam Zuckerkristalle bilden. Die Sirupreste werden vollends herausgeschleudert. Es bleiben glasklare Zuckerkristalle zurück. Durch den gleichen Effekt wie beim Schnee – nämlich durch die Lichtbrechung in den Kristallen – entsteht der Eindruck, der Zucker sei reinweiß.

Verwendung findet der Zucker auch als Puderzucker, ein sehr fein gemahlener Kristallzucker, oder als Würfelzucker, ein im feuchten Zustand gepresster Kristallzucker.

Wörteranzahl: 179

Das stimmhafte s wird als einfaches „s" geschrieben: **Basis**

Nach kurzem, betontem Vokal schreibt man das stimmlose s als „ss": **Genuss**

Nach langem Vokal oder Diphthong schreibt man das stimmlose s als „ß": **Süße**

Warum können Vögel fliegen?

Ist es nicht erstaunlich, wie mühelos Vögel durch die Luft fliegen können? Wie ist das möglich?

Der Körper eines Vogels ist besonders leicht. Er hat Hohlräume, die mit der Lunge verbunden sind. Auch die Knochen eines Vogels sind hohl und dadurch sehr leicht. Das Herz ist besonders groß und das Blut kreist viel schneller als bei uns. Die Flügelenden arbeiten wie die Ruder eines Bootes, und die Schwanzfedern dienen ihm als Steuer. Schneller fliegende Vögel haben lange schmale Flügel, z. B. die Schwalben. Sie können an einem Tag bis zu 2000 km zurücklegen bei einer Geschwindigkeit von 100 km pro Stunde. Vögel wie Bussarde haben dagegen breite Flügel, damit sie sich besser von den Luftströmungen tragen lassen können.

Wörteranzahl: 118

Lange und kurze Vokale (betrifft alle Wörter, deshalb keine Kennzeichnung)

5/6 **Tierstaaten**

Auch bei den Tieren gibt es große Gemeinwesen, die auf dem Zusammen-
leben und auf der gegenseitigen Hilfe aller Mitglieder aufgebaut sind.

Solche Staaten finden wir bei den Insekten, z. B. bei den Hummeln, Bienen
und Ameisen. Bei diesen Tieren sind es aber immer nur die Weibchen, die
am Aufbau und der Erhaltung des Staates mitarbeiten. Sie bilden ein großes
Heer von Arbeiterinnen, die alle Nachkommen einer Königin sind. Sie führen die Bauarbeiten aus, kümmern sich um die Reinigung, die Nahrung
und die Verteidigung. Außerdem übernehmen sie die Pflege der Nachkommen.

Wörteranzahl: 90

Kennzeichen für die Dehnung

– ie: **Tiere, die**

– Dehnungs-h: **Nahrung, übernehmen**

– Doppelvokal: **Staaten, Heer**

Drei Getränke aus Übersee

Drei bekannte Getränke, die sich bei uns großer Beliebtheit erfreuen, stammen von Pflanzen, die in fernen tropischen Ländern wachsen.

Alle drei Pflanzen brauchen ein sehr warmes Klima. Diese Getränke sind der Tee, der Kaffee und der Kakao. Da Kaffee lange Zeit ein sehr teures Getränk war, trank man Kaffeeersatz, wie z. B. Malzkaffee. Aber der Kaffeeersatz schmeckte den meisten Menschen nicht gut. Tee besteht aus den getrockneten Blättern des Teestrauches, der Kaffee aus den Bohnen des Kaffeebaumes und der Kakao aus den Bohnen des Kakaobaumes. Ein großer Teil des Kaffees und des Kakaos kommt aus Brasilien, also aus Südamerika. Der Tee kommt vor allem aus den asiatischen Ländern Indien und Sri Lanka.

Wörteranzahl: 115

Kennzeichnung des langen e:
– ohne Kennzeichnung: **den**
– eh: **sehr**
– Doppelvokal: **Tee**

Bei zusammengesetzten Wörtern bleiben alle drei Vokale erhalten:
Kaffeeersatz
Hier bietet sich eine zweite mögliche Schreibweise an, nämlich mit Bindestrich: **Kaffee-Ersatz**

5/6 **Pflanzen in der Wüste**

In den weiten Wüstengebieten Afrikas wachsen nur wenige Pflanzen, denn es vergehen manchmal viele Jahre, bis es wieder regnet.

Doch es gibt ein paar Stellen, an denen ein reiches Pflanzenleben möglich ist. Das ist in den Oasen der Fall. Dort kommt das Grundwasser aus einer Quelle zutage oder es kann durch Brunnen heraufgeholt werden. In den Oasen wachsen Zitrusfrüchte, Obst, Gemüse und Dattelpalmen, deren Früchte ein besonders wichtiges Nahrungsmittel der Wüstenbewohner sind.

Von den großen Flüssen aus sind mithilfe kluger Bewässerungsanlagen schon seit Jahrtausenden weite Gebiete der Wüstengebiete fruchtbar gemacht worden, sodass dort sogar mächtige Staaten entstehen konnten.

Wörteranzahl: 100

Kennzeichnung des lang gesprochenen a:
– ohne Kennzeichen: **Oasen**
– ah: **Nahrungsmittel**
– aa: **paar**

Bemerkung: Bei folgenden Wörtern sind zwei Schreibweisen korrekt:
zutage / zu Tage
mithilfe / mit Hilfe
sodass / so dass

Zusätzlich kann die Schärfung durch Konsonantenverdoppelung geübt werden. Diese Wörter sind nicht gekennzeichnet.

Kuschelige Wollpullover

Pullover werden aus Wolle, Synthetikfasern oder einer Mischung dieser beiden hergestellt. In jedem Pullover ist ein Etikett, auf dem die genaue Zusammensetzung steht. Am besten wärmen Pullover aus Wolle. Dazu nimmt man meistens die Wolle von Schafen. Verschiedene Schafarten geben verschiedene Wollarten. Die feinste Wolle stammt von den Merinoschafen, die vor allem in Australien gezüchtet werden.

In Deutschland gibt es über eine Million Schafe, die einmal im Jahr geschoren werden. In Wollwaschanlagen wird die Wolle gewaschen. Dann wird sie in einer Maschine entkräuselt. Die Wollfasern werden in einer Spinnmaschine versponnen. Nun kann aus den Wollfäden ein Pullover gestrickt werden.

Wörteranzahl: 99

Schärfung mit Doppelkonsonanten: **Wolle, nimmt, kann**

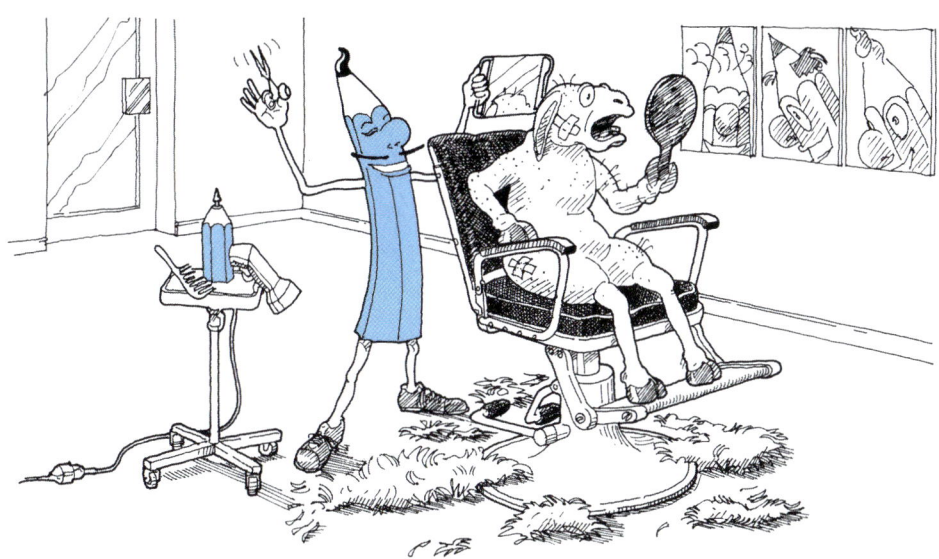

5/6 Die **Schmetterlinge**

Schmetterlinge gehören zu den Insekten. Wie alle Insekten haben sie sechs Beine und einen Körper, der aus drei Teilen besteht. Schmetterlinge tasten und riechen mit ihren Fühlern. An den Beinen haben sie Krallen, mit denen sie sich an den Blütenblättern fest halten. Alle Schmetterlinge haben vier Flügel, die sich gleichzeitig bewegen. Wenn sie ausruhen, klappen sie die Flügel auf dem Rücken zusammen. Dadurch verbergen sie ihre bunt gefärbten Flügeloberseiten vor den Augen der Feinde.

Schmetterling* heißt eigentlich Butterfliege. Früher glaubte man, dass sich Hexen in Schmetterlinge verwandelten, um den Bauern Milch, Käse und Butter zu verderben.

Wörteranzahl: 95

Schärfung mit Doppelkonsonanten: **Schmetterling**

* In England sagt man für Schmetterling „butterfly". „Schmetter" kommt von Schmetten = Sahne (tschechisch, ostmitteldeutsch), Schmettenkäse (ostmitteldeutsch).

Mein Kätzchen Moritz

Seit letzter Woche haben wir einen kleinen Kater. Wir haben ihn Moritz genannt. Moritz ist ganz schwarz mit einem winzigen weißen Fleck auf der Stirn. Wenn ich ihn streichele, schnurrt er behaglich. Vor zwei Tagen haben wir einen Kratzpfosten aufgestellt, damit er seine Krallen daran wetzen kann. Sein Schlafplatz ist in einer ruhigen Ecke in einem gemütlichen Korb mit einer Decke. Aber Moritz schläft überall gern, oben auf dem Bücherregal oder mitten auf meinem Bett. Am liebsten aber sitzt er zwischen den Pflanzen auf der Fensterbank in der Küche. Abends schleicht er gerne durch den Garten. Wie ein Tiger lauert er dann regungslos auf seine Beute. Gestern hat er mir eine tote Maus vor die Füße gelegt. Er ist ganz stolz auf seinen Erfolg gewesen.

Wörteranzahl: 124

Wörter mit
lz: **stolz**
nr: **winzig**
rz: **schwarz**
tz: **Moritz**

5/6   **Woher kommt der Wein?**

Wenn im Herbst die Trauben reif sind und zuckersüß an den Weinstöcken hängen, beginnt die Weinlese. An den steilen Berghängen, wo die Weinstöcke eng beieinander stehen, müssen die Trauben auch heute noch mit der Hand gepflückt werden. In der Traubenmühle werden die Stiele entfernt und die dicken saftigen Früchte gepresst.

Dann wird der Traubensaft in großen Fässern gelagert. Hierbei verwandeln Hefepilze den Zucker allmählich in Alkohol. Nach acht bis zehn Tagen ist der neue Wein fertig. Nun beginnt der Wein, der jetzt noch länger lagert, seinen besonderen Geschmack zu entwickeln. Jede Weinsorte hat nun ihren eigenen Geschmack.

Wörteranzahl: 100

Wörter mit ck: **Zucker**

Familie **Ballermann**

Familie Ballermann kümmert sich nicht um Sauberkeit. Sie liebt Müll. Jeder lässt alles dort fallen, wo er gerade steht. Da liegen Nudeln unter dem Bett, Kassetten klappern in der Speisekammer und Lottoscheine schwimmen in der Bratpfanne. Unter dem Teppich laufen Ratten und Spinnen um die Wette und knabbern am Abfall, ohne Durchfall zu bekommen. Man kann nur auf die Toilette gehen, wenn man wie ein Affe über alles hinüberklettert. Heute Mittag musste Mutter Ballermann ihre Tasse Kaffee mit dem Mittelfinger umrühren, weil sie keinen Löffel aus Metall finden konnte. Der Geschirrschrank steckt vollkommen im Staub, niemand kann ihn mehr öffnen. Familie Ballermann ist inzwischen weltbekannt. Alle zwei Jahre findet der große Wettbewerb „Zu Hause ist es am schönsten" statt, den sie schon oft gewonnen haben. Beifall, Familie Ballermann!

Wörteranzahl: 125

Schärfung mit Doppelkonsonanten: **Müll**

7/8 **Nieselregen in Griechenland**

Es war einmal ein Riese in Griechenland, der schlief den ganzen Tag. Wenn er zufällig aufwachte, aß er mit Vorliebe Spiegeleier mit Zwiebeln. Manchmal rasierte er sich auch, aber niemals zu oft, denn er liebte seinen schmierigen Bart. Alle vier Monate schnitt er sich die Haare. Er hatte keinen Diener mehr, der das für ihn machte. Der lief schon vor Jahren weg, weil es ihm mit diesem Faulpelz viel zu langweilig wurde. Seit langem wartete der Riese auf einen Nieselregen, weil er seine Füße wieder einmal ausgiebig waschen wollte. Der Gestank aus seinen Stiefeln lockte nämlich viele Fliegen an. Dann fielen plötzlich Tropfen vom Himmel. Er lief hinaus und trällerte vor Freude ein Liebeslied nach dem anderen.

Wörteranzahl: 117

Kennzeichen für die Dehnung
– ie: **Riese**
– ih: **ihn**

Kino der Köstlichkeiten

Tina und Dirk sitzen in Frankfurt im Kino. Der Film hat gerade angefangen. Der Mensch auf dem Platz vor ihnen isst Eiskonfekt und schmatzt dabei so laut, dass sie kein Wort verstehen. Er sieht aus wie ein Drache mit Pickeln im Gesicht. Dann holt er aus seinem Rucksack auch noch eine Zeitschrift und fängt an, damit zu rascheln. Jetzt platzt Dirk der Kragen. Er nimmt seine Limoflasche und blubbert mit dem Strohhalm, so laut er kann. Auch Tina hat jetzt die Nase voll. Sie isst schnell ihr Popcorn auf und lässt die Tüte mit einem lauten Knall platzen. Auf einmal macht jeder Krach. Das Kino hat sich in eine einzige Geräuschkulisse verwandelt.

Wörteranzahl: 112

Schärfung mit mehreren Konsonanten: **isst**

Dabei steht „tz" für zwei „z" und „ck" für zwei „k": **Platz, Pickel**

Ausnahme: Bei Lehn- oder Fremdwörtern stehen trotz Schärfung nur einzelne Konsonanten: **Eiskonfekt**

7 / 8   **Auf der Flucht**

Das fahle Licht war ihm unheimlich. Max blieb stehen und schnaufte. Seine straffen Waden schmerzten. Er hatte sich im Stil eines Geheimagenten einen Wall herunterrollen lassen, sich aber dabei den rechten Fuß verstaucht. Lahm und hungrig setzte er seine Flucht fort. Die Walfänger waren ihm dicht auf den Fersen. Plötzlich vernahm Max einen leisen Schrei in der Stille, der Nebel schluckte den Schall. Er hob den Arm. In seiner Hand hielt er den Stiel einer Axt. Max atmete auf: Vor seinen Füßen lag ein verletztes Lamm. „Ein übler Fall von Tierquälerei", dachte er sich, „so etwas müsste bestraft werden." Aber Max hatte keine Wahl, er musste das Lamm zurücklassen. Er warf seinen Schal über die Schulter und rannte weiter.

Wörteranzahl: 119

Ähnlich klingende Wörter: **Bann – Bahn**; **fahl – Fall**

Eine Badewanne voller Tee

Herr Hausmann wohnt in einem großen Haus in Aachen, direkt neben einem Museum mit einem großen Saal. Der Zitteraal, der das Haus bewacht, schwimmt in einer Badewanne voller Tee. Die ist so groß, dass man nur mit einem Boot von einer Seite zur anderen kommen kann. Ein Schild warnt sogar: „Benutzung des Meeres auf eigene Gefahr!" Herr Hausmann ist wohl ein bisschen doof, denn wer hält sich schon einen Aal in Teewasser? Eine komische Idee! Er kennt außerdem seltsame Kochrezepte: Wenn im Winter der Schnee vom Himmel fällt, kocht er daraus Wolkengelee mit Johannisbeeren, manchmal auch mit Roter Beete. Wie das schmeckt, bleibt ein Rätsel. Das wissen nur Herr Hausmann und sein Aal.

Wörteranzahl: 115

Kennzeichen für die Dehnung

Doppelvokale: **Tee**

Bei „Roter Beete" gilt auch die Schreibweise **„Bete"**.

7/8 **Opfer der Gewalt**

Wer weiß schon, was so ein armer, unschuldiger Brief alles mitmachen muss, um sein Ziel zu erreichen. Er wird ziemlich gequält. Zuerst schleckt ihn der Absender ab wie ein Hund mit seiner feuchten Zunge. Das ist ausgesprochen unangenehm. Dann wird er in einen unbekannten, dunklen Kasten geworfen. Schließlich donnert ihm auch noch ein Postbeamter einen tonnenschweren Stempel mitten auf den Kopf. Aber das Grausamste ist, mit dem Frühstücksmesser aufgeschlitzt zu werden, wenn noch Erdbeergelee daran klebt. Hat denn niemand Mitleid mit einem wehrlosen Brief? Warum wird er von allen so böse behandelt? Denn oft ist es ein lieber Brief, über den sich die Empfänger freuen. Wir fordern daher: Bitte keine Gewalt gegen Briefe!

Wörteranzahl: 113

> Dehnung:
> – mit h: **unangenehm, wehrlos**
> – mit ie: **Brief, Ziel, ziemlich**
> – mit Doppelvokal: **Erdbeergelee**
>
> Schärfung:
> – mit Konsonantenverdoppelung: **donnert, Bitte**
>   Dabei schreiben wir für die Schärfung von „z" ein „tz" und für das Aufeinandertreffen von zwei „k" ein „ck".

Schnupperkurs

Auch im Nachhinein findet Carolin noch, dass sie am meisten Glück hatte bei der Wahl ihres Betriebspraktikums. Es war ihre Idee, in einer Werbeagentur zu arbeiten. Dabei hatte sie nicht gedacht, dass ihre zaghaften Vorschläge auch ernst genommen wurden in diesen eng bemessenen acht Tagen. Mit einer Auszubildenden zusammen wählten sie einmal das Foto mit einem Krokodil als passend aus, und es wurde prompt für das nächste Plakat für gut geheißen. Man konnte auch echt kreativ sein, z. B. durfte sie einen Tag lang eine bestimmte Ätztechnik ausprobieren.

Am besten fand sie jedoch die lockere Atmosphäre, die hier herrschte. Es waren fast ausnahmslos junge Leute unter 30 und zu ihrem Erstaunen trug keiner eine Krawatte zum Sakko!

Über den gesamten Tagesablauf machte sie sich ständig Notizen, selbst über die Zeiten ihres Telefondienstes. Am Schluss ihres Praktikums überprüfte der Firmenchef zur Kontrolle ihre Aufschriebe, die sie für ihren abschließenden Bericht in der Schule benötigte. Er meinte noch: „Wenn du wieder mal zu uns kommst, brauchst du nicht mehr so still und schüchtern zu sein!" Wenn er wüsste, wie ihre Familie stöhnte, dass ihr Redefluss kaum zu stoppen war, sobald das Gespräch auf ihr Praktikum kam.

Wörteranzahl: 196

Kennzeichen für die Dehnung
– Doppelvokal: **Idee**
– ie(h) und h: **abschließend, Wahl**

Kennzeichen für die Schärfung
– Doppelkonsonant: **hatte**
  Dabei schreibt man für „zz" ein „tz" und für „kk" ein „ck".
– Bei Fremdwörtern bleibt manchmal „kk" erhalten: **Sakko**
– Wichtig: Die Dehnung oder Schärfung tritt auch ohne Kennzeichen auf;
  dies ist häufig bei Lehn- und Fremdwörtern der Fall: **Krokodil**

9/10 ## Die Überraschung

Seit einem Jahr haben wir die beste Englischlehrerin, die es je gab. Sie ist für uns auch Anlaufstation, wenn es wieder Ärger und Stress mit unserem schrecklichen Biologielehrer gegeben hat. Und ihr ist nichts zu viel.

Das Tollste, was ihr gelang, ist, dass sie uns zur Teilnahme an einem Schülerwettbewerb einer Sprachschule angeregt hat. Wir stöhnten, ächzten, recherchierten, sie jagte uns zur Bibliothek und ließ uns über englischer Grammatik die Köpfe heiß werden.

Keiner dachte mehr so richtig an diese Strapazen und einen möglichen Gewinn, als am Mittwochmorgen in der letzten Woche unser Rektor ins Klassenzimmer trat. Er las die frohe Botschaft vor, dass die ganze Klasse zu Anfang der Sommerferien eine Flugreise nach Brighton gewonnen hat. Um ein Haar hätten wir beinahe den ersten Preis verfehlt – aber dank unserer Lehrerin haben wir die schwierigen Fragen mit am besten gelöst. Dabei werden immer zwei Schülerinnen oder Schüler in einer Gastgeberfamilie Unterschlupf finden. Jetzt lautet nur noch die Frage: Was sollen wir bloß unseren Ferieneltern mitbringen?

Wörteranzahl: 168

Kennzeichen für die Dehnung
– ie-Laute: **Biologie**
– Dehnungs-h: **stöhnen**
– Schreibung von ß: **bloß**

Kennzeichen für die Schärfung
– Doppelkonsonanten: **toll**

Velo-Taxi

Berlin hat eine neue Attraktion. Es geht um kein ausgeflipptes Lokal und um kein schockierendes Kunstwerk – es handelt sich um neue Taxis.

Aber solche, die nicht vom hohen Benzinpreis abhängen, und denen keine Straße zu schmal ist. Den indischen Rikschas nachempfunden, gibt es seit neuestem Velo-Taxis – Fahrräder mit einem bequemen Anhänger für ein bis zwei Fahrgäste. Es gibt nur einen offensichtlichen Unterschied zum Mutterland dieser Gefährte: Die Fahrer haben selbst Spaß an ihrem neuen Job und sie werden nicht ausgebeutet. Sie sind prozentual am Umsatz beteiligt, und das Trinkgeld gehört sowieso ihnen. In der Not an genügend Arbeitsstätten ist mancher Student zufrieden, sich so seinen Studienplatz finanzieren zu können. Auch der eine oder andere Familienvater oder manche Frau sind froh darüber, sich mit ein paar zusätzlichen Arbeitsstunden das Einkommen aufbessern zu können.

Und nicht zuletzt sind die Kunden begeistert! Endlich können sie die Stadt bei diesen eher gemächlichen Geschwindigkeiten intensiv genießen und gleichzeitig die Großstadt unverfälscht im Originalton miterleben.

Wörteranzahl: 161

Kennzeichen für die Dehnung
– Doppelvokal: **paar**
– ie-Laute: **schockierend**
– Dehnungs-h: **Fahrräder**

Kennzeichen für die Schärfung
– Doppelkonsonanten: **ausgeflippt**

Dehnung und Schärfung können auch ohne besondere Kennzeichen vorkommen: **schmal**

5 Wortbildung

5/6 **Woher kommt der Reis?**

Ein sehr beliebtes Nahrungsmittel ist heute der Reis. Man kann ihn auf vielerlei Arten essen. Außerdem ist er schnell zubereitet, und er schmeckt gut.

Leider wächst er nicht in nasskalten und sonnenarmen Gegenden, sondern er braucht ein feuchtwarmes Klima und sehr viel Wasser. Wir führen ihn aus Amerika und vor allem aus Südasien ein. Dort wird er in mühevoller Arbeit von Hand gesetzt und verarbeitet. Die Reisfelder stehen ständig unter Wasser. Erst kurz vor der Ernte werden sie entwässert und die goldgelben Reispflanzen mit Sicheln abgeschnitten, gebündelt und zum Trocknen aufgestellt. Anschließend werden sie von Hand gedroschen, um die Körner herauszulösen. Diese werden dann gesiebt, gereinigt und in Säcke abgefüllt und in alle Welt verschickt.

Wörteranzahl: 117

Zusammengesetzte Adjektive: **nasskalt**

Der tropische Regenwald

Der tropische Regenwald ist ein richtiger Urwald. Das heißt, er ist nicht von Menschen angepflanzt worden. Seit Urzeiten hat er sich allmählich zu solch einem üppigen, undurchdringlichen Wald entwickelt.

Schwülfeuchte Hitze und heftige Regenfälle bestimmen hier das Klima. Man nennt den tropischen Regenwald auch die „grüne Hölle", denn viele Gefahren drohen hier dem Menschen, z. B. viele Arten von Giftschlangen und Stechmücken. Doch ist dieser Urwald für die Menschen nicht nur gefährlich, sondern auch sehr wichtig. Er beeinflusst das Wetter auf der ganzen Welt, und er enthält viele wertvolle Schätze wie kostbare Edelhölzer, eine reichhaltige und interessante Tierwelt, zahlreiche Heil-, Nutz- und Zierpflanzen.

Doch gerade wegen einiger dieser Schätze zerstören die Menschen den ganzen Urwald. Ja, sie brennen sogar weite Flächen ab, um Boden für Weideland und Obstplantagen zu bekommen.

Wörteranzahl: 129

Zusammengesetzte Substantive: **Regenwald**

5/6   **Unser Wetter**

In dem Gebiet, in dem wir leben, ändert sich das Wetter fast täglich, oft sogar stündlich. Das Wetter ist hier zu allen Jahreszeiten sehr wechselhaft. Mal ist es friedlich und freundlich, dann ist es plötzlich stürmisch und regnerisch, dann wieder fürchterlich neblig, kurz darauf warm und sonnig. Dass das Wetter so veränderlich ist, liegt daran, dass die Winde in unserer Klimazone oft die Richtungen wechseln. So bringen sie Luftmassen mit den verschiedensten Eigenschaften zu uns. Diese entsprechen ihrem Herkunftsgebiet. Luftmassen, die über dem Meer entstanden sind, sind feucht und im Sommer kühl. Luftmassen, die über dem Land entstanden sind, sind im Sommer trocken und warm, im Winter trocken und kalt. Wettervorhersagen sind für die Menschen, die mit Landwirtschaft oder Verkehr zu tun haben, unentbehrlich.

Wörteranzahl: 124

Wörter mit Nachsilben -ig, isch, -lich, -haft; -schaft, -ung: **täglich**

Wörter mit der Vorsilbe ent-: **entstanden**

Kammmacher in der Klemme

„Kaufen Sie grifffeste Kämme!", steht auf dem Plakat, das vor dem Schwimmbad hängt. „Handgeschnitzte Kämme vom Kammmacher und Brennnesselschaum sind gut für Ihr Haar!" Schwimmmeister Albert, der seine Glatze mit Geschirrreiniger poliert, zieht das Betttuch fest, das er um die Hüfte geschwungen hat. Beim Mittagessen hat er nicht aufgepasst, jetzt verzieren kleine Fetttropfen sein Hemd. Albert wundert sich. Es ist zwar noch geheim, aber fast jeder weiß, dass die Stilllegung der Kammfabrik kurz bevorsteht. Deswegen muss der Vorrat an Kämmen verkauft werden. Lehrling Lars hatte sich über die Stresssituation beim Arbeiten beklagt. Aber auch der Papppolizist, den sein Chef in der Fabrikhalle aufstellen ließ, hatte nichts daran geändert.

Wörteranzahl: 109

Treffen bei zusammengesetzten Wörtern drei Konsonanten aufeinander, bleiben alle erhalten: **grifffest**

7/8   ## Läuse im Sonderangebot

Benno liegt etwas belämmert auf der Kräuterwiese und träumt von Knäckebrot. Was für ein Alptraum, denn Knäckebrot ist ihm ein Gräuel! Plötzlich
wacht er auf. Seine Nase ist total verstopft. Er nimmt sein Taschentuch und
schnäuzt laut hinein. Erleichtert ergreift er neben sich den Stängel einer
Sonnenblume, auf dem neunzig bläuliche Läuse Walzer tanzen. Benno verkauft das Knäuel Läuse einem Specht, der gerade einige Bäume numme-
riert. „Mich würde interessieren", denkt sich Benno, „ob die Läuse nach
Karamell schmecken." Der Specht bedankt sich überschwänglich und beobachtet, wie sich Benno anschließend die Schuhe bindet. Ein Schuhbändel
reißt, und er fliegt im hohen Bogen in die Himbeersträucher. Nach einer
Weile wacht er wieder auf und freut sich, dass er auf einer Wiese liegt und
nur geträumt hat.

Wörteranzahl: 124

Die Schreibweise eines Wortes richtet sich nach dem Wortstamm der Wortfamilie: **belämmert** wie **Lamm**; **schnäuzen** wie **Schnauze**

Ein normaler Morgen im Universum

7/8

Es war ein normaler Montagmorgen im Universum. Polizist Bruno flog Streife auf seinem nummerierten Klappstuhl. Kurz vor dem Jupiter konnte er gerade noch einem intergalaktischen Tollpatsch ausweichen, der den widerspenstigen Salzstreuer, auf dem er ritt, nicht unter Kontrolle hatte. Der Mann im Mond sah das und fing an zu fluchen. Auf dem Mars wollte Bruno die Falllinien von Murmeln testen. Doch zunächst musste er an der Passstelle zur Milchstraße einen Rollladen verzollen. Den hatte er mit dicken Schuhbändeln an der Lehne befestigt. Er holte den großen Stofffetzen ein, der ihm als Segel diente, und flog auf den Zöllner zu. Der Zöllner war als genusssüchtiger Fresssack bekannt und beschlagnahmte sofort das Papier, in das Bruno ein paar Nussschnitten eingewickelt hatte.

Wörteranzahl: 119

Treffen drei Konsonanten aufeinander, bleiben alle erhalten: **Falllinie**

Die Schreibweise eines Wortes richtet sich nach dem Wortstamm der Wortfamilie: **nummerieren** wie **Nummer** (aber: **Numerus, Numerale**).

9/10   **Eisbärenjagd in Alaska**

Dass aus lauter Profitgier wehrlose Robbenbabys auf den Packeisschollen Grönlands abgeschlachtet werden, ist hinlänglich bekannt. Es finden von Naturschützern Kampagnen statt, dies zu verhindern, indem sie das weiße Fell der kleinen Robben mit Farbe besprühen und somit wertlos machen.

Dass es aber in unserer schnelllebigen Zeit auch Menschen gibt, die vor lauter Genusssucht nicht mehr wissen, was sie noch so alles anstellen sollen, glaubt man kaum. Ein ganz neuer Sport ist das Erlegen von Eisbären in den nördlichen Teilen Alaskas. Dabei handelt es sich um ein völliges Ungleichgewicht: Der Eisbär hat überhaupt keine Chance, seinem Schicksal zu entrinnen. Von einem Reiseveranstalter wird der so genannte Jäger mit einem motorisierten Schlitten zu einem allein lebenden Eisbären herangeführt. Am Anfang ist der Bär noch ein Schnellläufer auf dem Eis. Aber mit Zähheit wird das Tier in die unendlichen Flächen gescheucht, bis es völlig entkräftet ist. Aus allernächster Entfernung kann der potenzielle Jäger vom Schlitten aus sein Opfer erlegen.

Die Jagdtrophäe wird dann voll überschwänglichem Stolz in das Camp des Reiseveranstalters geschleppt. Der Anblick der erlegten und anschließend durchnummerierten Eisbären, die hier aufgereiht liegen, ist an Rohheit nicht zu überbieten.

Bleibt zu hoffen, dass dieser Missstand bekannt und offiziell bekämpft wird!

Wörteranzahl: 201

> – Treffen in Wortzusammensetzungen drei gleiche Konsonanten aufeinander, so bleiben alle erhalten: **schnelllebig**
> – Um dem Stammprinzip zu entsprechen schreibt man **Nummerierung** wegen der Herkunft von **Nummer** (aber **Numerus** und **Numerale**);man schreibt **potenziell** als abgeleitetes Adjektiv von **Potenz**.
> Der a-Laut bleibt erhalten bei **überschwänglich** von **Überschwang**.

Sommererlebnis

Tina hatte einen Sieg errungen – sie durfte zum ersten Mal mit Freunden vom Jugendklub in Urlaub fahren.

Die norditalienischen Seen waren für sie ein lang ersehntes Ziel und ein Campingurlaub versprach einiges an Abenteuer. Doch nach ein paar Tagen bzw. Nächten mit nur wenigen Stunden Schlaf auf ihrer Iso-Matte bekam Tina eine gewisse Sehnsucht nach ihrem bequemen Bett und dem von der Mutter glatt gestrichenen Betttuch. Diese Spur an Heimweh verflog aber beim nächtlichen Ausflug auf den nahe gelegenen Berg, und das südliche Flair der Landschaft überwältigte sie. In der Abenddämmerung schaute alles unwirklich aus – wie ein riesiges Stillleben. Während sie den steilen Hang hinaufkeuchten, fiel die Nacht rasch herunter. Durch den Mondschein entstanden krasse, Furcht erregende Schatten – es war schon gruselig! Aber keiner der Freunde wollte das leichte Unwohlsein zugeben! Ein kräftiger Schluck Cola aus der Kunststoffflasche baute sämtliche Ängste wieder ab. Zum Glück hatte Stephan auch seine übliche Tüte Karamellbonbons dabei, die er großzügig verteilte. War es nun Mutprobe oder Prickel, diese Nacht unter freiem Himmel zu schlafen? Als die Fledermäuse lautlos am Nachthimmel entlanghuschten, fing Tina an die Gräuelgeschichten von Graf Dracula zu glauben. Der Schreck fuhr ihr erst recht in die Glieder, als Marc sie auch noch mit einem Grasstängel im Nacken kitzelte. Als schließlich alle in ihren Schlafsäcken dicht nebeneinander lagen, konnte sie den Duft der Zypressen in vollen Zügen genießen.

Wörteranzahl: 227

Wegen des Stammprinzips bleiben drei aufeinander treffende Konsonanten erhalten: **Betttuch**

Die a-Laute werden bei den Wortbildungen auf ä-Laute übertragen: **Gräuel** von **Grauen**, **Stängel** von **Stange**

9 / 10   **Tommys Geburtstagsfete**

Seinen 16. Geburtstag durfte Tommy im recht komfortabel ausgebauten Wochenendhaus seiner Eltern feiern. Erst im letzten Sommer hatte der Stuckateur die Fassade aufwändig renoviert, sogar Rollläden wurden an den Kunststofffenstern angebracht. Und auch im Innern des Hauses war alles bestens.

Den kulinarischen Höhepunkt des Abends boten die gegrillten Köstlichkeiten. Tommys Mutter wusste schon, dass seine Freunde recht genusssüchtig waren, was das Essen betraf. Lediglich sein Vater musste – nachdem er sich verlegen geschnäuzt und geräuspert hatte – einige Warnungen loswerden: Tommy sollte die Kontrolllampe am neuen Elektrogrill im Auge behalten, ob dieser am Schluss auch wirklich ausgeschaltet wäre. Außerdem sollten keine Fetttropfen der köstlichen Würste direkt auf die Heizstäbe fallen, um keine gesundheitsschädlichen Dämpfe entstehen zu lassen.

Wettkampfspiele waren in diesem fortgeschrittenen Alter natürlich nicht mehr „in"; dennoch fanden fast alle Spaß daran, auf der Wiese herumzualbern. So mancher Tollpatsch erlebte dabei einige unliebsame Berührungen mit den Brennnesseln. Aber das tat insgesamt der guten Stimmung keinen Abbruch. Zum gemütlichen Ausklang des Festes platzierten sich dann alle um den Schein von Opas alter Stalllaterne.

Wörteranzahl: 173

Drei aufeinander treffende Konsonanten bleiben wegen des Stammprinzips erhalten: **Kontrolllampe**

Bei verschiedenen Wörtern wird die Schreibweise des Herkunftsworts herangezogen: **Stuckateur** von **Stuck**, **aufwändig** von **Aufwand**, **Tollpatsch** von **toll**, **platzieren** von **Platz**

Erdöl ist wichtig

Einer der wichtigsten und interessantesten Industriezweige ist die Suche und Verarbeitung von Erdöl. Auf großen Bohrinseln wird das Öl, das bis zu 6000 m tief unter dem Meer lagert, zutage gefördert. Helikopter versorgen Ingenieure und Arbeiter, die nach einem bestimmten Rhythmus in den Wohncontainern auf der Plattform der Insel wohnen. Die Crews wurden so trainiert, dass sie bei Gefahren nicht in Panik geraten. Es darf hier kein Chaos entstehen, das könnte für alle gefährlich werden. An den Stationen werden ständig Kontrollen und Reparaturen vorgenommen, um eventuelle Katastrophen zu verhindern. Bei der Verarbeitung von Erdöl werden viele Produkte gewonnen, z. B. Asphalt, Petroleum, Kerosin, synthetischer Gummi usw.

Wörteranzahl: 103

Schwierige Fremdwörter: **Ingenieur**

Bemerkung: zwei Schreibweisen bei **zutage / zu Tage**

5/6 ## Die **Pyramiden**

Fotografieren ist das Hobby vieler Menschen. Besonders in den Ferien werden viele Fotos gemacht.

Ein besonders beliebtes Fotoobjekt für Touristen und Fotografen sind die Pyramiden bei Kairo in Ägypten. Die Pyramide des Pharao Cheops ist mit ihren 140 Metern so hoch wie ein Hochhaus. Sie besteht aus mehr als 2 Millionen Steinblöcken. Viele tausend Sklaven haben wegen der extremen Arbeitsbedingungen bei dem Bau der Pyramiden ihr Leben gelassen. Große Schutthalden am Fuße einer anderen Pyramide lassen darauf schließen, dass bei ihrem Bau eine Katastrophe geschehen sein muss. Möglicherweise war sie zu steil, sodass die Steine heruntergerutscht sind. Viele Menschen behaupten, dass Fotografieren das Schönste aller Hobbys sei.

Wörteranzahl: 109

Fremdwörter mit y, Ph/ph, Ch: **Pyramide**

Vereinfachte Schreibung für ph: **fotografieren**

Plural bei Fremdwörtern auf -y: **Hobbys**

Bemerkung: zwei Schreibweisen bei **sodass / so dass**

Ferieneindrücke in Griechenland

Beladen mit Rucksack und Thermosflaschen standen Sophie, Philipp und Thomas auf den steinernen Sitzreihen eines alten griechischen Theaters in Epidauros. Sie waren beeindruckt von der herrlichen Aussicht. Sie staunten darüber, wie gut sie Theresa verstehen konnten, die unten auf der Bühne ein kurzes Gedicht von Sophokles aufsagte. „Was für eine feierliche Atmosphäre muss das damals in diesem Theater gewesen sein", dachten sie.

Nicht weit davon entfernt besichtigten sie ein Stadion für Leichtathletik. Auch hier wurden schon vor 2000 Jahren große Triumphe gefeiert. Um noch mehr über die alten Griechen zu erfahren, beschlossen die Kinder, sich gleich nach den Ferien in der Videothek Videos und in der Bibliothek Bücher zu diesem Thema auszuleihen.

Wörteranzahl: 112

Fremdwörter mit
Ph/ph: **Triumph**
Th/th: **Thema**

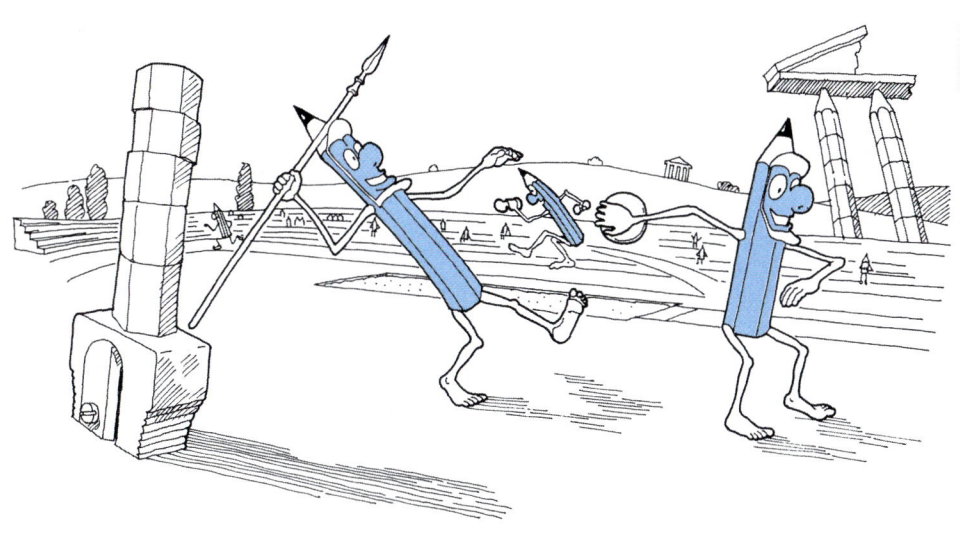

7/8 **Aus dem Leben eines Ladenhüters**

Ein Aftershave erzählt: „Hallo! Mein Name ist Duft. Ich arbeite als Rasierwasser, doch leider bin ich seit drei Jahren arbeitslos. So lange sitze ich schon in diesem Regal. Der Laden liegt eigentlich günstig, nämlich am Airport. Trotzdem will mich keiner haben. Meine Kollegen gehen weg wie warme Semmeln. Shorts, Shirts und Deodorants, Laptops und Floppydisks werden ständig nachgefüllt. Ich zähle Leute, die in den Laden kommen und dann ihren Flug verpassen, nur weil sie unbedingt billig einkaufen wollten. Das ist mein Hobby. Kürzlich kam so ein irrer Typ in den Shop. Er ging auf mich zu und hatte mich schon in der Hand. Das war vielleicht aufregend! Er war nämlich der Star eines bekannten Eishockey-Teams. Doch dann ließ auch er mich einfach stehen.“

Wörteranzahl: 122

Englische Fremdwörter: **Aftershave**

Bei einigen englischen Fremdwörtern sind zwei Schreibweisen korrekt:
Floppydisk, auch **Floppy Disk**

Angriff auf den Magen

Herr Koch ist der Leiter des Instituts für Speiseforschung. Er muss Nahrungsmittel überprüfen und kontrollieren, ob sie gut schmecken oder nicht. Seine beiden besten Mitarbeiter sind Daniel, der Delfin, und Kaspar, das Känguru. Beide Mitarbeiter lieben ihren Job, da sie den ganzen Tag neue Speisen ausprobieren können. Wenn sie etwas gegessen haben, sagen sie in ein Mikrofon, wie es ihnen geschmeckt hat. Kaspar ist noch verfressener als Daniel und hat sich auf exotische Gerichte spezialisiert. Er isst Schikoreesalat, Tunfischbrötchen oder Artischocken in Bouillon. Von Nugateiern bekommt er allerdings Durchfall. Daniel liebt Majonäse, nur bei Spagetti bevorzugt er Ketschup. Beide hoffen, dass das Institut bald auch Aufträge aus Amerika bekommt, denn sie genießen am liebsten Cheeseburger und Milchshake.

Wörteranzahl: 117

Fremdwörter mit vereinfachter Schreibweise: **Schikoree**
Achtung: Die alte Schreibweise ist auch noch korrekt.

Fremdwörter, die in dieser Form schon lange bestehen.

9/10 **Reise nach Amerika**

Wenn Angela ihr Budget betrachtete, war die einzige Chance, nach Amerika zu kommen, als Aupairmädchen zu gehen. Ihr war dann schon etwas mulmig, als sie zirka ein halbes Jahr später den Airbus bestieg, der sie im Non-Stop-Flug nach Boston bringen sollte. Schon der Flug war aufregend genug. Die Crew versorgte die Passagiere mit ausgezeichneten Speisen vom Büfett. Ob nun einer Pommes mit Ketschup oder Majonäse wollte oder lieber Sauerkraut mit Püree, sie wurden allen Wünschen gerecht. Als dann die Ankündigung der Landung übers Mikrofon kam, wurde es ernst. Der erste Kontakt mit ihrer Gastfamilie stand kurz bevor. Ihre Eltern waren zwar ein bisschen indiskret und hatten sich schon vorher nach deren Renommee erkundigt. Aber sie wollten nicht, dass ihre Tochter ein Risiko eingehen würde. Bald waren Angelas Skrupel wie weggeblasen. Mrs. und Mr. Brown holten sie am Flughafen ab, waren enorm nett und sie staunte nicht schlecht, als sie ihr neues Zuhause erblickte. Sie fuhren zunächst durch eine breite Allee, bis man die stattliche Villa erreichte. Durch ein vornehmes Entree gelangte man zu den Wohnräumen, und ihr eigenes Zimmer glich einem Atelier. Und ihr Dasein entwickelte sich zum Traumjob, wenn sie mit den beiden Kindern im Swimmingpool herumtollen konnte. Außer Kost und Logis bekam sie etwas Grundausstattung für ihr Portmonee, damit sie sich einen Besuch im Varietee oder auch mal in der Disko erlauben konnte.

Wörteranzahl: 228

– Fremdwörter und an die deutsche Sprache angepasste Fremdwörter:
  Budget, Ketschup
– Zur Beachtung: Anglizismen werden vorzugsweise groß- und zusammengeschrieben, wenn das zweite Wort ein Substantiv ist. Sonst gilt Großschreibung des ersten Wortes und Verwendung von Bindestrichen.
– Bei vielen Fremdwörtern sind auch noch die alten Schreibweisen korrekt.

Jürgens Aufstieg

Es ist schon ein Phänomen, wie Jürgen sich immer aufspielt. Nur weil er neuerdings im Komitee der Schülerzeitung sitzt, meint er, allwissend zu sein. Wenn er sich mit seinen bisherigen Freunden ganz normal unterhält, fängt er sofort an zu gestikulieren, und seine Stimme schwillt enorm an. Er hält seine Vorschläge auf einmal für eine besondere Rarität und wirft den anderen ständig mangelnde Flexibilität vor, nur weil sie nicht alles auf Anhieb akzeptieren. Großzügig verspricht er demjenigen, der mit ihm sympathisiert, dass er kostenlos eine private Anzeige in der Schülerzeitung inserieren kann, weil schließlich er darüber entscheidet, was publiziert wird und was nicht.

Eine Zeit lang waren seine nichts sagenden Angebereien auszuhalten. Aber irgendwann fällt er hoffentlich mit seinem vorlauten Mundwerk auch mal auf die Nase, damit sich seine Selbsteinschätzung wieder relativiert.

Wörteranzahl: 132

Schwierige, in der Rechtschreibung unveränderte Fremdwörter: **Phänomen** und an den deutschen Sprachgebrauch angepasste: **Komitee**

89

9 / 10   ### Entwicklungshilfe

Die Probleme in Ländern der Dritten Welt sind mannigfaltig. Sie reichen von der Überbevölkerung bis hin zur Entstehung neuer Dürregebiete. Beides hat dann oft die Unterernährung der Bevölkerung zur Folge.

Man war zunächst in den reichen Ländern geneigt, den Menschen zur Verbesserung ihres Lebensstandards Güter wie Nahrung und Kleidung zufließen zu lassen. Oder man lieh den Regierenden Geld zum Aufbau ihres Landes. Die Kredite blieben häufig dort stecken, die Hilfsgüter wurden von korrupten Beamten konfisziert, die dann ihrerseits regen Handel damit trieben. Die Not leidende Bevölkerung ging oft leer aus. Die Herrschenden verwendeten die Gelder lieber für ihre Expansionsgedanken, ihre Ideologien oder ihren persönlichen Luxus. Die Schulden der Länder häuften sich und ließen eine tief greifende Schuldenkrise erwachsen.

Neuerdings praktiziert man vorzugsweise konkrete Hilfestellungen. Es werden breit gestreute Netze von Banken eingerichtet, bei denen die Bevölkerung selbst Kredite gewährt bekommt. Oft ergreifen Frauen die Initiative, einen kleinen Laden zu eröffnen oder eine Näherei einzurichten. Mit dem Verdienst können sie dann ihre Familie unterhalten und ihre Anleihen zurückzahlen. Mit ihrer Fantasie schaffen sie die Kapazität für mehr Arbeitsplätze. Auf der Basis von enormem persönlichen Engagement geben Entwicklungshelfer Kenntnisse im Handwerk, im ökologischen Umgang mit den Ressourcen des Landes, weiter.

Nicht die Finesse unserer Wohlstandsgesellschaft zu überbringen, lautet die Devise, sondern Hilfe zur Selbsthilfe.

Wörteranzahl: 212

Fremdwörter und solche, die sich an die deutsche Sprache angepasst haben: **Fantasie**

Kleinstadt „Flughafen"

Einige internationale Flughäfen sind so groß wie Kleinstädte. Tausende von Menschen arbeiten dort in Geschäften, Restaurants, Cafés und Büros. Sie arbeiten z. B. als Kellner, Verkäufer, Ingenieure, Zollbeamte, Gepäckträger, Stewardessen und Fensterputzer.

Besonders in Ferienzeiten sind die riesigen Abfertigungshallen voll von jungen und alten Passagieren, die an den Schaltern einchecken wollen. Dann stolpert man dort über zahlreiche Koffer, sperrige Gepäckstücke, dicke Rucksäcke und eckige Pakete. Überall lachen, rufen, reden und plaudern Leute. Manche laufen, hetzen und rennen die langen Gänge entlang. Andere warten sitzend, schlafend, lesend oder rauchend auf ihre Abflugzeit.

Währenddessen überwachen Fluglotsen das Starten und Landen der Flugzeuge. Sobald ein Flugzeug gelandet ist, wird es entladen, beladen, aufgetankt und startklar gemacht.

Wörteranzahl: 116

Kommas bei Aufzählungen, aber nicht vor „und" und „oder"

5/6   **Auf der Bootsausstellung**

„Was für ein schönes Segelschiff!", ruft Nora. „Womit wird es eigentlich gesteuert?", fragt Lutz. „Dummkopf, das weiß doch jeder", schreit Nora, „mit der Ruderpinne natürlich."

„Nora", schimpft Vater, „du bist sehr unhöflich." Dann erklärt er: „Die Ruderpinne ist mit dem Ruderblatt verbunden. Mit ihm verändert man die Richtung. Wird die Ruderpinne nach rechts bewegt, fährt das Boot nach links." „Und wenn man sie nach links bewegt", ruft Lutz dazwischen, „fährt das Schiff nach rechts!"

„Und womit hält man das Boot auf Kurs, Nora?", fragt Vater. „Woher soll ich das denn wissen?", brummt Nora. „Bist du nicht in der Segelschule?", fragt Vater erstaunt. Dann fährt er fort: „Mit dem Kielschwert natürlich. Es verhindert, dass das Boot seitlich abdriftet, wenn der Wind in die Segel packt."

Wörteranzahl: 116

Anführungszeichen und Satzzeichen bei der wörtlichen Rede

Wie werden Züge angetrieben?

Heute gibt es Diesel- und Elektrolokomotiven, während die ersten Züge vor ungefähr 200 Jahren nur mit Dampf angetrieben wurden. Sie fuhren so langsam, dass man während der Fahrt nebenhergehen konnte.

Es ist klar, dass die Dieselmotoren der Züge genauso arbeiten wie die Dieselmotoren der Autos. Diese Motoren erzeugen über einen Generator Strom, der den Motoren zugeführt wird, damit diese die Räder antreiben und Wärme und Licht liefern. Es hat sich gezeigt, dass Züge mit Elektromotoren viel schneller sind. Den Strom holen sie sich aus Leitungen, die oberhalb der Züge oder zwischen den Schienen laufen. Weißt du, wo der schnellste Personenzug der Welt fährt? In Frankreich. Es ist der TGV, für den eine neue Strecke ohne enge Kurven angelegt werden musste, weil er so schnell ist.

Wörteranzahl: 125

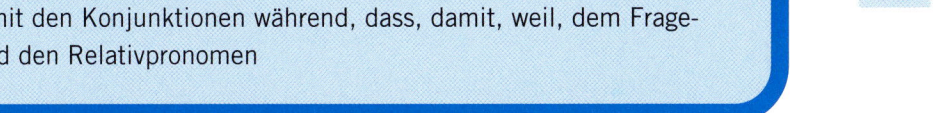

Nebensätze mit den Konjunktionen während, dass, damit, weil, dem Fragewort „wo" und den Relativpronomen

7/8   ## Oma Otti und die Fernbedienung

Es war kein stinknormales Fest, sondern ein Familientreffen der besonderen Art. Oma Otti hatte zu ihrem siebenundsiebzigsten Geburtstag ihre sieben jüngsten Enkel eingeladen. Nachdem sie sieben Stunden lang Achterbahn gefahren waren, saßen sie nun erschöpft in einem Feinschmeckerrestaurant. „Entweder wir bestellen jetzt endlich etwas(,) oder mir wird schlecht", warnte Klaus die anderen. Oma gab den Startschuss(,) und alle sieben Enkel griffen zu der Fernbedienung, die jeder an seinem Platz liegen hatte. Roman bestellte das dritte Programm: einen saftigen hessischen Handkäse, danach eine Grillplatte und zum Schluss eine Eisbombe. Manuel wollte nichts essen. Er wählte das sechste Programm: Zuerst spielte eine Musikgruppe(,) und anschließend trat ein Clown auf. Oma Otti ließ mit ihrer Fernbedienung einen Bauchtänzer kommen und wurde vor Aufregung ganz rot.

Wörteranzahl: 125

Zwei Hauptsätze können durch ein Komma voneinander getrennt werden: **Oma Otti kommt, ihr Enkel geht.**

Werden zwei Hauptsätze durch ein „und" oder „oder" getrennt, muss kein Komma gesetzt werden: **Oma Otti kommt (,) und ihr Enkel geht.**

Der Mann ohne Leidenschaften

Als er mit der Untersuchung fertig war, kratzte sich Doktor Klug am Ohrläppchen. „Ich bin mit meinem Latein am Ende, Herr Prinz", sagte er langsam, „jetzt kann Ihnen nur noch ein Wunder helfen." Herr Prinz litt an einer seltenen Krankheit. Seitdem ihm ein Frosch auf den Kopf gesprungen war, hatte er keine Gefühle mehr. Er konnte sich nicht mehr ärgern(,) und glücklich sein konnte er auch nicht mehr. Er hatte in dunklen Parks keine Angst mehr, aber leider auch keine Lust mehr(,) im Wald spazieren zu gehen. Und über die zweihunderttausend Euro, die er im Lotto gewonnen hatte, konnte er sich einfach nicht freuen. Der Arzt riet ihm(,) einen Verbrecher zu jagen oder sich noch einmal von einem Frosch küssen zu lassen.

Wörteranzahl: 125

Anführungs- und Satzzeichen bei der wörtlichen Rede

Vor dem erweiterten Infinitiv mit „zu" muss kein Komma stehen (Ausnahme bei hinweisenden Wortgruppen).

Zwischen zwei mit „und" verbundenen Hauptsätzen muss kein Komma stehen.

7/8   **Das Stück „Obsttorte"**

Die Birne glühte vor Aufregung. Sie lag mitten auf der Bühne im Rampen-
licht. Neben ihr lagen eine Quitte, eine Ananas, eine Banane, eine große
spanische Melone sowie ein dicker Pfirsich. Die kleine, schwitzende Birne
fragte sich, warum der Vorhang nicht hochging. Entweder hatten die Tech-
niker ihren Einsatz verpasst oder zu viel getrunken. Es rührte sich nichts:
weder der Vorhang noch die Musiker im Orchestergraben. Inzwischen
glühte sowohl die Gurke als auch die Quitte. Die Banane hatte ihre Schale
schon ausgezogen, so heiß war ihr. Dann zerriss ein Schrei die Stille: „Was
ist los?", brüllte die Birne voller Wut. Plötzlich erhob sich der Vorhang, die
Musik setzte ein, das Publikum klatschte, der Tortenboden schwebte auf die
Bühne und das Stück „Obsttorte" begann.

Wörteranzahl: 121

- Komma nach Aufzählung (einzelne Worte, Satzteile oder ganze Sätze)

- Kein Komma zwischen „sowohl … als auch", „entweder … oder" und vor
  „sowie".

- Nach indirekten Fragen steht kein Fragezeichen.

- Nach einem Doppelpunkt schreibt man das erste Wort eines vollständigen
  Satzes immer groß, sonst gilt die Kleinschreibung.

Hausaufgaben

„Wenn ich bloß wieder einen Blick in die Zimmer meiner Töchter wage, wird mir ganz schlecht!", grübelt Frau Hansen vor sich hin. Petra und Michaela hatten wie immer tausend andere Dinge im Kopf. Überhaupt verbrachten sie die meiste Zeit ihres täglichen Lebens auf ihrem Bett liegend. Frau Hansen fragte sich insgeheim: „Warum haben wir den beiden überhaupt Schreibtische gekauft, wenn sie ihre Hausaufgaben doch nur auf dem Bett erledigen?"

Was sie am meisten ärgerte, wollte sie ihnen aber heute Mittag sagen. Sie sah es nicht mehr ein, dass sie – obwohl ihr Halbtagsjob ganz schön stressig war – jeden Mittag das Geschirr allein abwaschen und abtrocknen musste. „Könnten wir ab heute einen Abtrockendienst abwechselnd zwischen euch beiden einrichten?", fragte Frau Hansen. Aber Petra und Michaela schienen mal wieder taub zu sein(,) und mit freundlicher Miene erklärten sie der Mutter: „Ich war schon so lange nicht mehr im Schwimmbad!" oder „Ich muss meiner besten Freundin in Mathe helfen."

Nach einer Woche war es Frau Hansen zu bunt. Gestern hatte es zwar Fisch gegeben, aber sie brachte es eiskalt fertig, den beiden die ungesäuberten Teller wieder hinzustellen. Sie selber aß ihren köstlichen Kaiserschmarren aus einem blinkenden, sauberen Teller und meinte nur: „Guten Appetit!" Beiden Töchtern wurde mit einem Schlag klar, entweder sie beteiligten sich an der notwendigen Hausarbeit oder sie würden einiges an Komfort einbüßen müssen.

Wörteranzahl: 224

- Nebensätze trennt man vom Hauptsatz durch ein Komma.
- Bei gleichwertigen Hauptsätzen, die mit „und" bzw. „oder" verknüpft sind, kann das Komma entfallen.
- Folgt nach der wörtlichen Rede ein Begleitsatz, trennt man diesen mit einem Komma ab. Steht die wörtliche Rede am Ende eines Ganzsatzes, entfällt dessen Schlusspunkt.

9 / 10 **Tierisch**

Ich ärgere mich jedes Mal tierisch, wenn ich wieder in so ein Hundehäufchen getreten bin! Ständige Achtsamkeit aufzubringen(,) kann ja nicht der Sinn und Zweck meines Daseins in unserer Stadt sein. Brav ihre Hundesteuer zahlend(,) meinen viele Hundebesitzer, damit einen Freibrief für die Verunreinigung unserer Gehwege zu haben.

Aber mit ein bisschen Rücksichtnahme müsste es doch möglich sein, unberührte Fleckchen in der Natur zu finden, wo nicht so schnell der Fuß eines Menschen auftritt. Oder aber sollte die Stadtverwaltung ein Konzept überlegen(,) um dieses Ärgernis abzuschaffen. Möglich wäre z. B. ein günstig gelegenes Plätzchen in einer Grünanlage(,) eingefasst mit irgendwelchen Steinen und ausgefüllt mit Sand oder Torf. Sobald das Füllmaterial verunreinigt ist, sollte es durch neues ausgetauscht werden. Oder es sollten in gefährdeten Gebieten Automaten installiert werden, aus denen man die notwendigen Hilfsmittel wie Plastikschäufelchen und Tüte herauslassen kann(,) um das Malheur zu beseitigen.

Daher folgender Tipp: Wir sollten diese Gedankenanstöße immer wieder zur Diskussion stellen(,) anstatt uns nur zu ärgern und über die Hunde zu schimpfen.

Wörteranzahl: 167

Bei Infinitiv- und Partizipialkonstruktionen kann das Komma entfallen. Es muss aber stehen, wenn ein hinweisendes Wort im Satz auftaucht (**dazu, damit, es …**).

Führerschein auf Probe

Erneut steht zur Debatte, ob die Bestimmungen des Führerscheins auf Probe ausgedehnt werden sollen oder ob andere Maßnahmen notwendig sind.

Wieder zeigen die Untersuchungen, dass die 18- bis 22-Jährigen nach wie vor die mit Abstand größte Risikogruppe im Straßenverkehr sind, und zwar neigen sie dazu, ihre Fähigkeiten vor allem bei hohen Geschwindigkeiten zu überschätzen. Man kann niemandem einen Vorwurf daraus machen, als Neuling eine geringere Fahrpraxis zu haben. Mit der Aushändigung des Führerscheins auf Probe sollen die neuen Verkehrsteilnehmer sowohl zur Vorsicht und Umsicht angeregt werden als auch das Verantwortungsbewusstsein gefördert werden. Die Dauer dieser Probezeit soll künftig bei 18-jährigen Anfängern bei 4 Jahren, bei 22-jährigen wie bisher bei 2 Jahren liegen. Treten in diesem Zeitraum Verfehlungen im Straßenverkehr auf, wird der Führerschein unter Umständen wieder entzogen bzw. eine weitere Chance geboten, wenn weitere Nachschulungen besucht werden.

Nach einer gewissen Phase der Fahrpraxis sind dann also alle Autofahrer gleichgestellt. Und zur Entlastung aller jugendlichen Autofahrer: Es existieren genauso Studien, die bestätigen, dass Aggressivität am Steuer – die ebenso unter Strafe gestellt gehört – keine Altersgrenzen kennt.

Wörteranzahl: 176

– Nebensätze trennt man durch Komma vom Hauptsatz.
– Vor „und" bzw. „oder" kann das Komma entfallen.
  Aber: vor „und zwar" muss es stehen.
– Bei Infinitivsätzen kann das Komma entfallen. Steht im Hauptsatz ein hinweisendes Wort bzw. entsteht eine Sinnentstellung, muss es stehen.
– Bei vergleichenden Formeln (sowohl ... als auch, entweder ... oder) steht kein Komma.

5/6 **Große Einkaufszentren auf dem Land**

Immer häufiger findet man auf dem Land zwischen den Gemeinden riesige Einkaufszentren mit großen Parkplätzen. Dort kannst du in großen Hallen die verschiedensten Fleisch- und Wurstwaren, unzählige Käse- und Brotsorten und sonstige Lebensmittel kaufen. Gleich daneben findest du Möbellager mit Küchen- und Wohnzimmermöbeln. Sie führen alle möglichen Arten von Schlaf- und Kinderzimmern und sämtliche Sachen für Bäder und Flure. Während ihre Kinder in Spiel- und Malstuben beschäftigt sind, können die Eltern dort in Ruhe die Möbel betrachten.

Besonders häufig sieht man außerhalb der Ortschaften große und kleine Gartencenter. Dort können unter anderem Nutz- und Zierpflanzen, Garten- und Campingmöbel und je nach der Jahreszeit Weihnachts- oder Osterschmuck gekauft werden. Manche bieten sogar Springbrunnen und Fische an.

Wörteranzahl: 122

Einsparung eines gemeinsamen Bestandteiles durch einen Bindestrich:
Fleisch- und **Wurstwaren**

An der Autobahnraststätte

„Sieh mal da drüben der schicke Wagen, Papa!", ruft der 7-jährige Florian."
„Du meinst den Sportwagen dort hinten?", fragt Vater, „das ist ein
8-Zylinder. Was ganz Feines." „So einen habe ich schon mal auf der
Friedrich-Ebert-Straße gesehen", erklärt Florians 10-jähriger Bruder. „Richtig", stimmt Florian zu, „aber der hier glänzt mehr." „Wie viel Zylinder hat
denn unser kleiner Wagen?", will Lutz wissen. „Das ist bloß ein 4-Zylin-
der", seufzt Vater. „Ich würde gerne mal so einen großen Lastwagen wie diesen dort von innen sehen", wünscht sich Lutz. „Das ist bestimmt ein
30-Tonner oder ein 38-Tonner", erklärt der Vater. „Kannst du so einen großen Wagen fahren?", will Florian wissen. „Nein, dazu braucht man einen
besonderen Führerschein. Und den habe ich nicht", antwortet Vater. „Ob
wir mal den Fahrer bitten könnten, uns den Wagen von innen zu zeigen,
Papa?", fragt Lutz.

Wörteranzahl: 126

> Der Bindestrich in Zusammensetzungen mit Ziffern: **8-Zylinder**
>
> Der Bindestrich bei Straßennamen: **Friedrich-Ebert-Straße**

5/6   **Im Duisburger Hafen**

Klaus von der Anton-Holz-Straße und Anna von der Albrecht-Dürer-Allee in Duisburg machen eine Hafenrundfahrt. „Kaum zu glauben, dass es hier in Nordrhein-Westfalen den größten Binnenhafen Europas gibt, oder? Er könnte doch auch in Rheinland-Pfalz oder in Baden-Württemberg sein", wundert sich Anna. „Das hat wohl mit der günstigen Lage und auch mit dem dahinter liegenden Ruhrgebiet und seiner Industrie zu tun", meint Klaus. „Er ist einfach riesig, dieser Duisburger Hafen", staunt Anna, „seht nur das schwer beladene Containerschiff dort drüben. Was mag nur in all den Dingern drin sein?" „Alles Mögliche!", ruft Klaus, „T-Shirts aus Amerika, Tee von der letzten Tee-Ernte, Vulkangestein von den Hawaii-Inseln, See-Elefanten für den Zoo ..." „Spinner", lacht Anna, „sieh mal den Schrott-Transporter, der da im Schritt-Tempo ankommt. Auf einer 100-m-Strecke wäre ich sicher schneller als der."

Wörteranzahl: 119

Bindestrich bei:
– Zusammensetzungen von zwei geographischen Eigennamen: **Nordrhein-Westfalen**
– Aneinanderreihungen mit Zahlen und Ziffern: **100-m-Strecke**
– Straßennamen mit mehrteiligen Eigennamen: **Anton-Holz-Straße**
– Zusammensetzungen mit Einzelbuchstaben: **T-Shirt**

Bindestrich kann auch bei Zusammensetzungen mit drei gleichen Buchstaben geschrieben werden: **Tee-Ernte**

Das Wettrennen

Michael sah es Fata-Morgana-ähnlich in der Sonne blitzen: Auf der anderen Straßenseite lag ein 5-Euro-Schein, direkt vor der Lotto-Annahmestelle. Die Ampel war noch rot, da sah er, dass er nicht der Einzige war, der den Geldschein entdeckt hatte. Neben ihm machte sich ein anderer Junge startklar, und Michael wusste: Es wird ein harter Kampf! Die Ampel schaltete um, und beide rannten wie in einem 100-m-Sprint los. Es gab ein hartes Kopf-an-Kopf-Rennen. Der Konkurrent war gut: Er lief eine flinke Links-rechts-Kombination um zwei Pflanzenkübel. Aber Michael war 5-mal schneller, denn er hatte sein Skateboard dabei und erreichte den Bürgersteig vor seinem Gegner. Doch was kam denn da von der anderen Seite? Eine Kehrmaschine der Frankfurter Stadtwerke war am schnellsten und fegte den Schein weg, noch bevor einer von beiden das Geld aufheben konnte. Sie kamen eine 100stel-Sekunde zu spät.

Wörteranzahl: 135

Bindestrich bei:
– substantivisch gebrauchten Zusammensetzungen:
  Fata-Morgana-ähnlich
– Aneinanderreihungen mit Zahlen und Bezeichnungen: **5-Euro-Schein**
– Zusammensetzungen mit Ziffern: **5-mal**
– Verbindungen aus Ziffern und Vorsilben: **100stel-Sekunde**

7/8 **Winzig Wohnen**

Herr Meier-Lutz schickt seinem Vermieter einen Beschwerdebrief: „Ich habe keinen Platz", schreibt er, „seit den frühen 80er-Jahren wohne ich in dieser 3-Zimmer-Wohnung. Die ist so groß wie eine 56-Cent-Briefmarke. Außerdem ist sie unglaublich laut. Direkt vor der Haustür ist die gefährliche S-Kurve der viel befahrenen Heinrich-Heine-Straße. Jede Nacht donnern hier mindestens hundert laute 40-Tonner vorbei, die alle an der Kurve 3-mal bremsen müssen. Bei dem Lärm kann doch kein Mensch schlafen. Als ich die Fußball-WM sehen wollte, wackelte sogar der Fernseher. Aber den werde ich jetzt zur Sondermüll-Abgabestelle bringen, es ist einfach zu eng hier. Bitte bauen sie einen großen Balkon an, damit ich endlich meine Pflanzen irgendwo hinstellen kann. Auch über Schallschutz-Fenster würde ich mich sehr freuen. Ich möchte endlich mal wieder ruhig schlafen. Vielen Dank."

Wörteranzahl: 126

Bindestrich bei
– Doppelnamen: **Meier-Lutz**
– Verbindungen aus Ziffern und Vorsilben: **80er-Jahren**
– Zusammensetzungen mit Ziffern: **3-Zimmer-Wohnung**
– Straßennamen: **Heinrich-Heine-Straße**
– substantivisch gebrauchten Zusammensetzungen und Abkürzungen:
  Fußball-WM

Prominenz aus der Provinz

Es war wieder einmal Viertel nach acht. Die tägliche Talkshow hatte einen bekannten Designer eingeladen, der einen begehrten Pop-Art-Preis für ein Lay-out gewonnen hatte. Damit hatte er eine schwierige Aufgabe mit Bravur gelöst. Auch der Manager des größten Chemiekonzerns der Welt war eingeladen. Allerdings kam er verspätet, denn er musste vorher an einem Meeting teilnehmen, doch das Brainstorming dauerte länger als geplant. Der Interviewer bat den Designer, mit der Siegerin des Tennis-Grandslam eine Jamsession zu spielen. Dafür erhielt er ein Glas Champagner und einen Eimer Champignons. Die Sportlerin bekam einen Fairness-Preis. Alle anderen Gäste sollten leer ausgehen, was ungerecht war. Nachdem ein Gast sich beschwert hatte, verschenkte die Fernsehanstalt schließlich ein paar alte Trecking-Fahrräder.

Wörteranzahl: 114

Bindestrich bei substantivisch gebrauchten Zusammensetzungen:
Pop-Art-Preis

Des Öfteren sind zwei Schreibweisen möglich: **Lay-out / Layout**

9/10 ### Der Tante-Emma-Laden

In unserem letzten Urlaubsort fanden wir die Nostalgie pur: den Tante-Emma-Laden des Ehepaars Müller-Wolters.

Der größte Raum ihrer 4-Zimmer-Wohnung war dazu umfunktioniert worden, angefüllt mit mannshohen Metallregalen. Die Auswahl der Waren war zwar nicht so groß wie im Supermarkt, aber für alle Fälle gab es etwas: angefangen bei Lebensmitteln aller Art, Wasch- und Putzmitteln, Schreib- und Haushaltswaren bis hin zu einer winzigen Geschenk-Boutique. Und die Qualität stimmte! Man konnte x-beliebig ins Regal greifen – alles war trefflich ausgewählt.

Von Frau und Herrn Müller-Wolters erforderte der Laden ihren ganzen Einsatz. Sie wurden im Lauf der Jahre ein eingespieltes Team und das Hand-in-Hand-Arbeiten gewohnt. Allerdings dürfen sie keinen Anspruch auf eine 35-Stunden-Woche erheben.

Meine Eltern haben die persönliche Atmosphäre sehr genossen – nicht zuletzt wegen des häufig vorkommenden 10-minütigen Smalltalks, der uns die Region immer ein Stück näher brachte. Wir Kids freuten uns aber auch wieder auf die nächste Einkaufstour in unserem High-Tech-Shoppingcenter zu Hause!

Wörteranzahl: 153

Bindestriche in
– Namen: **Müller-Wolters**
– Wortverbindungen aus mindestens drei Bestandteilen: **Tante-Emma-Laden**
– Aufzählungen aus einer Gruppe, damit der Gruppenname nicht wiederholt
 werden muss: **Wasch-** und **Putzmittel**
– Wortverbindungen mit einer Zahl oder einem Buchstaben: **10-minütig**

Der Leichtathletik-Wettkampf 9/10

Vom Wetter her gesehen konnten keine besseren Grundlagen für die 16- bis 17-Jährigen gegeben sein, den nordrhein-westfälischen Wettkampf für Leichtathletik auszutragen!

Unsere Truppe kommt vom Geschwister-Scholl-Gymnasium aus Düsseldorf-Ost. Als Zeichen der Zusammengehörigkeit ziehen alle das gleiche T-Shirt an. Die Erwartungen haben alle hoch gesteckt und fiebern ihrer Disziplin entgegen.

Udo errechnet sich eine 100%ige (100-prozentige) Chance, dieses Mal den 400-m-Lauf zu gewinnen. Begonnen hatte seine Karriere, als er im Vergleich zu seinen Freunden auf dem Trimm-dich-Pfad immer der Schnellste war. Aber sicherlich gibt es wieder ein Kopf-an-Kopf-Rennen mit diesem superschnellen Marc aus Paderborn! Eigentlich erstaunlich, obwohl er solche X-Beine hat.

Benjamin glaubt, das nötige Know-how für die Speerwurftechnik zu haben. Außerdem übernimmt er die Rolle unseres privaten Sanitäters, da er kurz zuvor einen Erste-Hilfe-Kurs absolviert hat.

Susanne war in ihrem Turnverein die 8fache Siegerin im Weitsprung. Wie würde es ihr hier ergehen? Hoffentlich hat sie keinen Black-out ...

Zur Belohnung gibt es jedes Mal für alle ein gemeinsames Grillfest. Die jeweiligen Sieger bekommen sogar ein T-Bone-Steak.

Wörteranzahl: 168

Bindestrich bei
- geographischen Namen und Namen von Gebäuden, Institutionen:
  nordrhein-westfälisch, Geschwister-Scholl-Gymnasium
- Wortverbindungen mit einer Zahl oder einem Buchstaben: **T-Shirt**
- Wortverbindungen aus mindestens drei Bestandteilen.
  Dabei werden Substantive und Substantivierungen großgeschrieben, Präpositionen und Artikel bleiben aber klein! Das gilt auch für Begriffe aus Fremdsprachen: **Kopf-an-Kopf-Rennen, T-Bone-Steak**
- Aber: Kein Bindestrich vor den Silben -fach, -stel, -er, -ig: **8fach**

9/10 ### Formel-1-Rennen

In den 70er-Jahren passierten sehr viele Unfälle im Formel-1-Sport, sowohl in den Rennen selbst als auch beim Training. Dieser Sport ist ja eine schöne Sache, aber das Leben dieser jungen Fahrer aufs Spiel zu setzen, musste nicht sein!

Überlegungen wurden mehrgleisig angestellt: Einmal galt es, die Rennwagen sicherer zu machen, zum anderen mussten die Strecken gefahrloser werden. Es war wohl besser, einige S-Kurven in die Strecke einzubauen, damit die rasante Fahrt automatisch etwas gebremst wurde. Auch unter den Rennfahrern selbst bildete sich eine 2/3-Mehrheit heraus, die gemeinsam das Befahren gefährlicher Strecken boykottierte. Außerdem waren die Rennwagen-Hersteller gefordert, die Fahrerzelle bruchsicherer zu machen, was durch spezielle Materialien gelang. Sicherheitstanks und bei Unfällen automatisch schließende Benzinleitungen verminderten die Feuergefahr.

In die ganzen Überlegungen musste eben das gesamte Sowohl-als-auch mit einbezogen werden. Im Rausch dieser hohen Geschwindigkeiten waren meist 100stel-Sekunden ausschlaggebend. Darum lohnten sich die einschneidenden Änderungen, wie die nachfolgenden – doch unfallfreieren – Jahre bewiesen.

Wörteranzahl: 153

Bindestrich bei
– Wortverbindungen mit mehreren Bestandteilen: **Formel-1-Rennen**
– Wortverbindungen mit einer Zahl oder einem Buchstaben: **S-Kurve**
– übersichtlicherer Darstellung von zusammengesetzten Wörtern:
   Rennwagen-Hersteller

Bei Verbindungen von Zahlen mit -stel oder -er steht der Bindestrich dahinter: **70er-Jahren, 100stel-Sekunde**

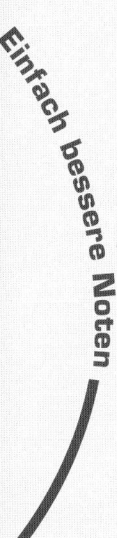

Bessere Noten!